Alois Zucker

Skizze zu einer Monografie der Amts-Verbrechen

Alois Zucker

Skizze zu einer Monografie der Amts-Verbrechen

ISBN/EAN: 9783743353947

Hergestellt in Europa, USA, Kanada, Australien, Japan

Cover: Foto ©ninafisch / pixelio.de

Manufactured and distributed by brebook publishing software (www.brebook.com)

Alois Zucker

Skizze zu einer Monografie der Amts-Verbrechen

SKIZZE

zu einer

MONOGRAFIE

der

AMTS-VERBRECHEN

von

Dr. ALOIS ZUCKER.

ERSTE ABTHEILUNG.

Ueber die
Stellung der sogenannten Amtsverbrechen im Systeme
des
besonderen Theiles des Strafrechtes.

PRAG.

H. DOMINICUS.

1870.

Ueber die Stellung der sogenannten Amtsverbrechen im Systeme des besonderen Theiles des Strafrechtes.

I. Quellen.

a) Römisches Recht.[1]

Es dürfte nunmehr ziemlich unbestritten sein, dass die Römer bei der Eintheilung der Verbrechen den Eintheilungsgrund dem Verfahren entnahmen, und diesem folgend die delicta in delicta publica, delicta privata und delicta extraordinaria theilten, je nach der Art, wie sie gerichtlich verfolgt werden konnten. „Es war der Unterschied ein rein processualischer, ohne auf das innere Wesen der Verbrechen Einfluss zu haben."[2]

Ein lebhafter, unseres Erachtens aber überflüssiger Streit hat sich zwischen Rein und Abegg[3] darüber entsponnen, ob die Römer den in neuester Zeit behaupteten Unterschied von materialen und formalen Verbrechen gekannt haben; was Letzterer behauptet, Ersterer bestritten wissen will.

Wir glauben, dass Rein, der Abegg wegen dieser aufgestellten Ansicht heftig angreift, Letzteren missverstanden hat,

---

[1] Rein: „Das Criminalrecht der Römer." Vorbemerkungen über die Anwendung des besonderen Theiles.
[2] Derselbe, 1 Buch, 2. Capit.
[3] Abegg. Ueber system. Anordnung des besonderen Theiles des deutschen Strafrechtes im Archiv des Crim. Rechtes, neue Folge. Jahrg 1835.

da dieser ja ausdrücklich zugibt, „dass das entscheidende und für eine geschichtlich dogmatische Darstellung des rein römischen Rechtes nothwendig anzuerkennende Princip aus dem Verfahren zu entnehmen sei", erst innerhalb dieser Eintheilung nach der Verschiedenheit des Verfahrens kömmt nach der Anschauung Abegg's ebensowohl das Object der Verletzung als die Form der Handlung in Betracht, und dass dies Letztere wirklich der Fall sei, dass diese Unterscheidung der Handlung nach ihrer formellen Richtung den Römern nicht entgangen sei, dafür führt Abegg Belegstellen aus den Quellen an, deren Bedeutung Rein vergeblich abzuschwächen sucht.

Es ist eben, wie Abegg gegen Rosshirt [4]) in der citirten Abhandlung ganz richtig bemerkt, die äussere Anordnung und Gliederung eines positiven Systemes von dem Geiste desselben wohl zu scheiden, und es kann die erstere bei aller Bedeutung und Wichtigkeit für die historisch dogmatische Forschung die Wissenschaft nicht beschränken das Gegebene organisch zu erfassen, was nur möglich ist, wenn die Einheit des Begriffes in ihren nothwendigen Gliederungen und Unterscheidungen betrachtet wird. — Die Eintheilung der Delicte nach dem Verfahren muss auch der L. 2. D. de re militari [5]) gegenüber aufrecht gehalten werden, da erst eine spätere Theorie die Bedeutung dieser Stelle verallgemeinernd, aus derselben gerade mit Rücksicht auf die Stellung der Amtsdelicte eine Eintheilung der Delicte in delicta communia und delicta propria deducirte, die jedoch das römische Recht nicht kannte. Ebenso gefehlt wäre es, aus einzelnen Quellenstellen zu deduciren, die Römer hätten eine systematische Scheidung zwischen delicta capitalia und non capitalia, zwischen delicta manifesta und non manifesta getroffen.

---

[4]) Rosshirt Entwicklungen der Grundsätze des Strafrechtes S. 523.

[5]) L. 2 de re militari 49. 16. Militum delicta aut propria sunt aut cum caeteris communia, unde persecutio aut propria aut communis est, proprium militare est delictum, quod quis uti miles admittit.

Zu unserem begrenzten Thema rückkehrend, würde es schwer fallen, den Amtsverbrechen trotz ihrer wahrhaft grossartigen staatsrechtlichen Bedeutung im Systeme des besonderen römischen Strafrechtes eine feste Stelle anzuweisen, einmal wegen des Mangels fester Gliederung des römischen Strafrechtssystems überhaupt, andererseits wegen der Eigenthümlichkeit der specifisch römischen Gesetzgebung, die die Codification nicht kannte, und in den leges, constitutiones, Senatusconsulten etc. sich mit der Aufzählung der Handlungen begnügte, die nach dem erlassenen Gesetze strafbar sind.*)

So kam es, dass oft Ein Verbrechen in mehreren Gesetzen als strafbar genannt oder beschrieben wurde, und dass es dem Ankläger freistand, ob er eine und dieselbe Handlung nach dem einen oder andern Gesetze zur Anklage bringen wollte.⁷)

Dasjenige jedoch, was nach römischem Rechte als Amtsverbrechen angesehen werden muss, gehörte ausschliesslich zu den delictis publicis, insonderheit also das ungemein wichtige crimen repetundarum, das Peculat, das crimen de residuis und der ambitus. Platner.⁸)

Die concussio, die praevaricatio, die tergiversatio und endlich die calumnia gehörten zu den crimina extraordinaria.

Auch wenn wir mit Rossbirt annehmen wollen, „dass das Object der Verletzung mit der darauf gerichteten Absicht des Verbrechers es sei, welches bei den Römern die Gattungen und Namen der Verbrechen macht", können wir die letztgenannten Delicte nicht zu den Amtsverbrechen zählen, da die accusatores keine öffentliche Stellung besassen und ihnen das Delict der praevaricatio, tergiversatio und der calumnia nur als ein falsum begangen an dem Gegenpart —

---

*) Rein. Criminalrecht der Römer. Einleitung 4. Cap.
⁷) Abegg Archiv des Crim. R. neue Folge 1835 S. 376.
⁸) Perversa-munerum administratio et abusus temerarius potestatis magistratibus concessae legibus majestatis repetundarum, de residuis de vi publica coercebatur.

dem Angeklagten oder an der richterlichen Behörde — etwa wie eine listige Irreführung angerechnet wurde. Dasselbe galt von der concussio des Beamten.

Hingegen trat bei dem crimen de repetundis, de residuis, dem ambitus und dem Peculat das verletzte öffentliche Interesse scharf und praegnant hervor, und behauptete sich durch alle Phasen der römischen Strafgesetzgebung, ja selbst in der späteren Zeit, wo die Beamten immer mehr in ein persönliches Abhängigkeitsverhältniss zum Kaiser traten, und Träger seiner ausschliesslichen Gewalthoheit — imperium — wurden.

Ohne hier auf die reichhaltige Rechts- und Literaturgeschichte der Römer über das crimen repetundarum, de ambitu, peculatu und de residuis einzugehen, genügt es für uns zu constatiren, dass das römische Strafrecht dem Gattungsdelicte der Amtsverbrechen wegen seines bedeutenden Einflusses auf die staatliche Entwicklung des Römervolkes unter allen andern Delictsgattungen den hervorragendsten Platz einräumt, und dass gerade dieses Gattungsdelict in streng römisch-rechtlicher Entwicklung und Ausbildung bis auf unsere Tage seine Stellung im Systeme des besonderen Strafrechtes bewahrt und erhalten hat.

b) Canonisches Recht.

„Es entbehrt in der Beschränkung und beziehungsweisen Erweiterung, in welcher es das Strafrecht nimmt, keineswegs des Systems im Sinne einer durch das Princip bestimmten Anordnung." [*)] Die Verletzungen der einzelnen Rechtssphären treten im Systeme des canonischen Rechtes mehr in den Vordergrund, als bei jedem andern Rechtssysteme, und die äusserlich nach dem Verfahren getroffene Einthei-

---

*) Abegg. Arch. des Criminalrechtes 1833 S. 377.

lung der Delicte **subordinirt** sich dem Eintheilungsgrunde des Objectes der Verletzung in sichtbarer Weise.

Die Delicte zerfallen in:
a) delicta mere ecclesiastica — Verletzung göttlicher Ordnung,
b) delicta mere civilia seu secularia,
c) delicta mixta seu mixti fori.

Die ersteren unterliegen der Cognition geistlicher Gerichte, bei den Delicten der dritten Art entscheidet die Praevention, während bei den Delicten zweiter Art nur der weltliche Richter die Strafgewalt ausübt, in beiden letzteren Fällen jedoch die Kirche Bussen — poenitentiae oder Censurae poenae medicinales zur Anwendung zu bringen hat.

Die Unterarten des Gattungsdelictes der Amtsverbrechen wurden durch das canonische Recht um eine Hauptunterart vermehrt, die eben vom canonischen Rechte aus in die anderen Rechtssysteme übergegangen ist. — Es ist dies die Simonie, welche neben der Apostasie, der Haeresis und dem Schisma zu den delictis mere ecclesiasticis gehört. — Die Simonie nach Permaneder [10]) als „Erwerb geistlicher Gaben und Güter für Darangabe zeitlichen Gewinnes" — temporalia — und umgekehrt verdrängte in gewisser Hinsicht den römisch-rechtlichen Verbrechensbegriff des ambitus, als mit dem Römervolke der alten Zeit zugleich auch die alte Volkssouverainität und deren Thätigkeit bei Besetzung von Aemtern geschwunden war; Wesen und Inhalt der Simonie wurden sodann auf die erst in neuerer und neuester Zeit entstandenen Verbrechensbegriffe der Geschenkemacher in Amtssachen und der Bestechung bei Verleihungen und Besetzungen öffentlicher Aemter ausgedehnt, ohne dass jedoch an den feinen Distinctionen der Canonisten bezüglich der verschiedenen Unterarten der Simonie — munus a manu, — munus a lingua — munus ab obsequio — simonia mentalis,

---

[10]) Permaneder, Handbuch S. 557—560.

simonia conventionalis und simonia realis, endlich auch simonia confidentialis festgehalten worden wäre.

Die delicta mixta enthalten keine strafbare Handlung, die unter den allgemeinen Begriff der Amtsverbrechen gebracht zu werden vermöchte, während eine Aufzählung der zu den delictis secularibus gehörenden Amtsverbrechen nutzlos sein müsste, da zu denselben alle Handlungen zu rechnen sind, welche von den jeweiligen weltlichen Gesetzen als strafbar erklärt worden, somit auch alle übrigen Arten des Amtsmissbrauches.

c) Die Carolina und die deutsche Reichsgesetzgebung.

Die Carolina verfügt nicht ausdrücklich eine Eintheilung der von ihr als strafbar erklärten Delicte, wie das in den Gesetzbüchern der Neuzeit — siehe §. 56 des österreichischen Strafgesetzbuches — mehrfach geschehen ist, sie erkennt auch nicht die Eintheilung von unpeinlichen und peinlichen Delicten, [11]) von öffentlichen und Privatverbrechen [12]) u. s. w. an, darum aber befolgt sie dennoch ein klar und praegnant abgegrenztes System, indem sie die Verbrechen nach dem Gegenstande der Verletzung in strenger Ordnung anführt und bespricht. Hieran wird Nichts geändert, wenn die Vorschriften über das Verfahren Art. 139, 140—146 an einzelnen Stellen beigemengt, und die allgemeinen Verbrechensbegriffe Art. 167, 168 und 169 über Mitschuld, Theilnehmung, Versuch etc. in die Discussion gezogen werden.

Den Anfang machen die Religionsverbrechen Art. 106 bis 109 incl., sodann werden angeführt die Verbrechen wider Treue und Glauben 110—115, die Fleischverbrechen 116—123, die Verbrechen der öffentlichen Gewalt 124—129, die Verbrechen wider das Leben Einzelner und deren Unterarten

---

[11]) Berner Lehrb.
[12]) Quistorp Grundsätze §. 27.

130—136, endlich die Verbrechen wider die Güter Einzelner Art. 147—161.

Abegg [13]) glaubt, dass die p. G. O. durch diese Gliederungen den Unterschied von öffentlichen und Privatverbrechen, wie ihn die spätere Wissenschaft schärfer ausgebildet hat, anerkannt und nicht undeutlich ausgedrückt habe; wir würden um einen Schritt weiter gehen, und in diesen Gliederungen bereits die Anerkennung „der fundamentalen Interessen der Individuen und der Gesellschaft als der Objecte besonderer Verbrechensarten oder besonderer Gruppen von Verbrechensarten" [14]) wahrnehmen, da der Unterschied zwischen öffentlichen und Privatverbrechen denn doch noch viel zu sehr mit dem römisch-rechtlichen Unterschiede im Verfahren zusammenhängt, während die Carolina diesen Unterschied gänzlich fallen liess, und nur den Unterschied zwischen peinlichem und unpeinlichem Verfahren und diesen nur nebenher berührt. Denn ein Gesetzbuch, das wie die Carolina im Art. 183 das Verfahren von Amtswegen nur für den Fall des Diebstahls zwischen den nächsten Erben, und Mann und Frau ausschliesst, hat sich bereits auch äusserlich von der römisch-rechtlichen Eintheilung emancipirt, und ist seinem Wesen nach bereits über die Grenzen der Unterscheidung zwischen Staats- und Privatverbrechen gelangt.

Was nun die Stellung der Amtsverbrechen im System der C. C. C. betrifft, so lässt sich eine solche aus dem einfachen Grunde nicht fixiren, weil die C. C. C. dieses Verbrechens nirgends ausdrücklich erwähnt, und es mindestens als Gattungsdelict nicht gelten lässt.

Abegg [15]) behauptet zwar, dass uns die Art und Weise, in der der einzelnen Fälle des Amtsmissbrauches gedacht wird, „nicht zu der Behauptung berechtige, dass ein so wesentlicher

---

[13]) Ueber syst. Anordnung Archiv des Cr. R. 1835.
[14]) Merkel. Crim. Abhandlungen II. §. 4.
[15]) Abegg. Abh. Archiv des Cr. 1835 S. 887.

Unterschied der C. C. C. unbekannt und für das gen
rechtliche Strafsystem nicht vorhanden sei," aber ein
heres Eingehen auf die bezüglichen Stellen rechtfertigt
oberwähnte von uns aufgestellte Behauptung. Die C. C
spricht im Art. 134 von der „Straff, so ein Artzt durch
Artztney tödtet Item so ein Artzt aus Unfleiss oder . . .
doch unfürsetzlich jemand mit seiner Artztney tödtet, er findt e
dann durch die Gelehrte und Verständigen der Artztney, dass
die Artztney leichtfertiglich und verwegentlich missbraucht o
sich ungegründeter unzulässiger Artztney, die ihm nit gezie
hat unterstanden und da mit einem zum Tod Ursach geben, c r
solt nach gestalt und gelegenheit der Sachen und nach ra t
der verständigen gestrafft werden Und in diesem Fall alle -
meist achtung gehabt werden auf leichtfertige Leut, die sich
Artztney unterstehen und der mit keinem grund gelernt h -
ben. Hat aber ein Artzt solche Tödtung williglich gethan,
so were er als ein fursetzlicher Mörder zu straffen."

Die Stellung des Art. 134 zu den vorangehenden und
nachfolgenden Artikeln, der wörtliche Inhalt „leichtfertige Leut
die sich Artztney unterstehen und der mit keinem grund gelernt haben", und insbesondere der Schlusssatz „so were er
als ein fursetzlicher Mörder zu straffen", schliessen die von
Abegg aufgestellte Vermuthung, als habe man es hier mit
einem Amtsverbrechen der ärztlichen Personen, das nur ein
beschränktes Object hat, zu thun zur Gänze aus, sondern
führten zur Ueberzeugung, dass die C. C. C. bei diesem Delicte nur die Thathandlung ohne Rücksicht auf das Subject
des Verbrechens im Auge hatte.

Hat sich doch selbst in der neuesten Zeit die Ueberzeugung noch nicht bahngebrochen, dass ein derartiges Delict
zu den Amtsdelicten gehöre, um wie viel weniger konnten
die Gesetzgeber damaliger Zeit in dem geschilderten Delicte
ein Amtsverbrechen erblicken! Vermag der Art. 134 die Anschauung Abegg's nicht zu unterstützen, so sind die anderen
von ihm citirten Stellen in Art. 20, 21, 205 und 218, in denen

allerdings der Missbräuche richterlicher Gewalt gelegentlich erwähnt wird, ein noch bedeutenderes Beleg für die von uns verfochtene Ansicht, dass die C. C. C. des Amtsverbrechens nur im allerbescheidensten Umfange gedenkt.

In den von Abegg citirten Art. wird der darin geschilderte Missbrauch richterlicher Gewalt eben als nicht verbrecherisch bezeichnet, sondern nur allgemein verboten, und als tadelnswerth hingestellt.

Gemäss der Art. 20 und 21 wird der Richter blos zum Schadenersatze an den Gemarterten und Gepeinigten verhalten, und im Art. 205 dem Richter ohne besondere Strafandrohung verboten, Belohnung vom Kläger zu fordern oder zu nehmen; endlich in den Schlussartikeln 218 und 219 die Richter vor darin aufgezählten Missbräuchen gewarnt. Criminel strafbare Handlungen, die nach einzelnen Systemen der Neuzeit zu den Amtsverbrechen zählen, führt die C. C. C. nur in zwei Art. an, Art. 115: „Straff der Procuratoren so ihren Partheien zu Nachtheil geferlicher fürsetzlicher weis den widertheilen zu gut handeln," und Art. 170: „So ein Hüter der peinlichen gefengniss einem gefangen ausshilft."

Nach der Stellung und Textirung des Art. 115 muss indess behauptet werden, dass die C. C. C. nur das Delict des Art. 170 als ein Amtsdelict ansehen konnte, während sie ersteres zu den Trugsverbrechen zählte, daher wir wohl berechtigt sind, zu behaupten: „Die C. C. C. kenne nur einen einzigen Fall des Amtsverbrechens, den Amtsmissbrauch des Gefangenwärters."

Wir haben bei der C. C. C. darum länger verweilen zu dürfen geglaubt, weil sie mit Rücksicht auf das Verbrechen des Amtsmissbrauches, so recht die von uns später zu entwickelnde Anschauung von dem historischen Processe dieser Delictsgattung bestätigt.

Mit dem Verschwinden römischer Staatsformen verschwand trotz des bleibenden Zusammenhanges mit dem römischen Strafrechte aus der Reihe der strafbaren Handlungen das Amtsverbrechen fast gänzlich, um dafür später zwar nicht zu einer intensiveren, aber gewiss extensiveren Bedeutung zu gelangen. Die C. C. C., obzwar sie des Amtsmissbrauches an mehreren Stellen ausdrücklich erwähnt, erklärt ihn dennoch nicht für criminel strafbar, weil eben jene factischen Verhältnisse nicht vorhanden waren, um in dem Amtsmissbrauche das criminel strafbare Moment erblicken zu lassen. Aus diesem Grunde kann auch dasselbe nicht von einem späteren Zeitpunkte aus in das System der Carolina hineingetragen werden, weshalb von einer diesfälligen Entdeckung des Unterschieds zwischen delicta communia und propria, wie sie dem jüngeren Meister von Rosshirt [16]) zugeschrieben wird, wohl keine Rede sein kann.

Von den später erflossenen Reichsgesetzen spricht nur der §. 46 des Visitationsabschiedes aus dem Jahre 1713 von dem Delicte der passiven und activen Bestechung des Richters und legt dem Richter die Pflicht der Anzeige auf.

II. Doctrin.

Wir beginnen mit dem Vater der wirklich deutschen Strafrechtswissenschaft dem grossen Praktiker *Ben. Carpzow*. Derselbe behandelt das materielle Strafrecht in 2 Büchern — pars I und II — führt in Questionen und Subquestionen die Delicte nach dem Grade der Strafwürdigkeit und Gefährlichkeit vor, nachdem er die Ordnung der Carolina in den Hauptpunkten verlassen.

Für ihn gelten die Amtsverbrechen als Unterarten des crimen falsi. „Attamen meo judicio indifferenter omnes fere casus ad quatuor hosce modos haud inconvenienter

---

[16]) Rosshirt „Entwicklungen." S. 510.

referri possunt ut scilicet falsum committatur: vel in persona, vel verbis, vel scripto, vel abusu. Zu der Betrugsspecies, quae verbis seu dictis committitur dolosis, zählt C. eine Reihe von Delicten, die nunmehr als Amtsverbrechen angesehen werden; so die falsi procuratores seu praevaricatores, qui diversam partem adjuvant, und der Fall: „quando judex ex malitia vel munere corruptus dolose et ex proposito false „judicat et injustam fert sententiam"; auch der actuarius judicii, qui consensum super hypotheca judicali datum dolose ac in fraudem creditoris ex archivo judicali surripurat," verfällt der Strafe ewiger Landesverweisung.

Ebenso sollen Schöffen und andere Rechtsgelehrte für den wissentlich falschen Urtheilsspruch zur Verantwortung gezogen werden, und wird rücksichtlich dieser sowie der Richter, die nach gefällter rechtlicher Sentenz Geldbelohnungen annehmen, bemerkt, dass selbe sowohl nach der l. Julia de repetundarum, als nach der l. Cornelia de falsis gestraft werden sollen.

Die Gelderpressung durch Missbrauch der Amtsgewalt wird als eine Unterart des Raubes angesehen.

Im Art. II p. 66, 90 und 91 der dem Processe gewidmeten Pars III wird von dem Vergehen der Hüter der peinlichen Gefangeuss — Art. 180 der C. C. C. - gehandelt, und nach dem Vorbilde der Carolina zwischen dem dolus des Hüters und des Hüters Unfleiss unterschieden. Im ersten Falle sollten den Hüter nach dem Wortlaute der C. C. C. die Strafen des Befreiten treffen; doch meint C. „caveat tamen Judex ne poenam mortis custodi irrogari faciat quod admodum durum esset"; im letzteren Falle, da wo das Verschulden oder die Nachlässigkeit des Wächters unterläuft, verhänge der Richter eine arbiträre geringere Geld- oder Freiheitsstrafe. Sub q. n. 99.

Gegen den Missbrauch bei der Anwendung der Tortur eifert C. in der sub q. 127 der III Pars, und beruft sich auf Jul. Clarus, der in dem Richter, qui propter inimicitias aut propter pecuniam vel aliter corruptus id fecisset, einen Mörder erblickt. Wenn aber der Richter „ex culpa et imperitia Reum injuste torqueri faciat", so kann gegen denselben nicht peinlich verfahren werden, er wird blos im Syndicatswege dem Beschädigten haftend, er hat Emenda, Busse, restitutio damni und Poena zu leisten.

Auch das von dem Gefolterteten geleistete Urphedeversprechen kann den Richter vor der Klage „helffen, schützen oder schirmen."

Die Veruntreuung trennt C. vom Diebstahl, indem er das Vertragsverhältniss zwischen dem Uebelthäter und dem Beschädigten ins Auge fasst und die Veruntreuung darum als Diebstahl nicht gelten lassen will. Als Unterart der Veruntreuung wird die Veruntreuung im Amte begangen von Quaestoribus aliisque officialibus behandelt. Pars II. q. LXXXV.

Wir sehen also, dass sich bei C. die Anschauung von dem Amtsverbrechen als delictum sui generis noch nicht Bahn gebrochen hat; dagegen bespricht

Augustus Leyser [17]) in umfassender langathmiger Weise die Amtsverbrechen — Medit. ad Lib. XLVIII tit. IV. ad legem Juliam Majestatis — die ficta et vera delicta ministrorum principis. Es enthalten die beiden Capitel DLXX und DLXXI die ausführlichsten Besprechungen über das Verhalten der ministrorum Principis, über ihr Verhältnis zur Person des Monarchen, zum Staate und zu den Unterthanen.

Hervorzuheben wäre nur Folgendes: Leyser geht von der für die geschichtliche Entwicklung unseres Delictes wichtig gewordenen Stelle l. 2 de re militari aus und theilt die Delicte der Beamten analog in delicta propria und communia ein. Erstere werden aufgezählt und mit zahlreichen Belegstellen ausgestattet. Neben den umfassenden Darstellungen derselben werden Grundsätze der Staatspolitik über die Art

---

[17]) Aug. Leyser. Medit. ad Pand. vol. VIII, IX und X.

der Wahl der Beamten durch den Fürsten, über die Mängel der Unwissenheit, des allzugrossen Pflichteifers der Beamten, deren allzustrenge Frömmigkeit, Grossmuth und Freimüthigkeit entwickelt; es wird in demselben Capitel die Frage in Discussion gezogen, ob ein Gesandte die Beamten des Staates, bei dem er accreditirt ist, bestechen könne, ob der Beamte die ungerechten Befehle des Fürsten ausführen solle, ob er sich über die Fehler desselben äussern dürfe, etc. etc.

Wir haben es somit bei Leyser, trotz der vielverheissenden Ueberschrift de veris delictis Min. princ., nicht so sehr mit den Amtsverbrechen, als mit der Besprechung eines Abschnittes der Staatsencyklopaedie zu thun, und wir werden im Verlaufe unserer Abhandlung Gelegenheit finden, auf die Bedeutung dieses Incinandergreifens zwischen Straf- und Staatsrecht κατ' ἐξοχὴν für die Entwickelung des Amtsverbrechens zurückzukommen. — Das Delict der Praevarication wird ähnlich wie bei Carpzow als ein Falsum angesehen[18]) und von den Verbrechen de repetundis, de residuis und de ambitu wird unter steter Hinweisung auf die Abhandlung de veris delictis ministrorum gesprochen, daher kein Zweifel darüber obwalten kann, dass Leyser die Amtsverbrechen als delicta sui generis vollkommen anerkennt und als solche auch behandelt. Von einer besonderen Stelle im Systeme des besonderen Strafrechtes lässt sich indess bei Leyser doch nicht sprechen, da Leyser wohl mehrerer Eintheilungsarten erwähnt, im Systeme jedoch selbst nicht befolgt.

J. S. F. de Böhmers Meditationes ad C. C. C. bestätigen den Art. CXV der Carolina commentirend, dass die Praevaricatio des Procurators als crimen falsi angesehen wird, und dehnen dieselbe unter dem Namen praevaricatio impropria auf alle Jene aus, „qui quomodocunque sive dolo sive segnitia insigni ab officio publico deflectunt."

Das Amtsdelict des Gefangenwärters leitet Böhmer aus

---

[18]) Sp. DLIV. 17.

L. 4 C. de custod. reor. vom Kaiser Valus und Gratian ab, der Gefangenwärter wird vom Böhmer als ein Mitschuldiger rücksichtlich des befreiten Verbrechers angesehen, der auch mit dem Tode bestraft werden kann.

Das crimen ambitus, der concussio, des Peculats, des crimen repetundorum wird im Ganzen von Böhmer auch nicht erwähnt, ein Beweis, dass die Amtsverbrechen in dieser Gestalt zu damaliger Zeit obsolet geworden waren, um erst später bei Entwicklung der Beamtenhierarchie und festerer staatlicher Gestaltung aus dem Scheintode wieder zu erwachen; das crimen de residuis wird dagegen ausdrücklich als a furto non diversum erklärt, und das crimen De residuis seitens der öffentlichen Beamten insbesondere hervorgehoben.

J. Ch. Quistorp [19]) lässt die verschiedenen Eintheilungen der strafbaren Handlungen Revue passiren, ohne sich über die Frage auszusprechen, ob er eine Eintheilung der strafbaren Handlungen für zulässig halte, und welcher er den Vorzug vor den übrigen gebe; in den Amtsverbrechen speciell erblickt er die Verletzung von besonderen Pflichten, „die Einer vermöge seines bürgerlichen Zustandes auf sich hat."

Das System, nach welchem er den besonderen Theil des Strafrechtes bespricht, ist das der C. C. C., er unterscheidet:

1. Die Verbrechen wider die Religion.
2. Die Verbrechen wider den Staat und die öffentliche Sicherheit.
3. Verbrechen wider Anderer Leben.
4. Verbrechen wider Anderer Güter, endlich
5. Fleischliche Verbrechen.

Die Amtsverbrechen werden darin nicht als delicta sui generis und zu einander gehörig behandelt, sondern einzeln dargestellt; so werden die concussio des öffentlichen Beamten,

---

[19]) J. Ch. Quistorp. Grundsätze des deutschen peinlichen Rechtes. I. Thl. §§. 25—31 inclus.

die Befreiung des Gefangenen durch den Gefangenwärter, der ambitus und die Simonie als Staatsverbrechen angesehen; dagegen figurirt als Verbrechen wider Anderer Güter das crimen de residuis, de repetundis, die active und passive Bestechung; die Praevarication und das crimen syndicatus gilt auch bei Quistorp für eine Unterart der Fälschung.

Die bisher citirten Schriftsteller fussen, wie wir sehen, bezüglich der Behandlung der Amtsverbrechen auf den Quellen des römischen und canonischen Rechtes, sie citiren und besprechen die Amtsverbrechen, stellen sie auch, wie insbesondere Leyser es thut, als eine Delictsgruppe zusammen, aber einer Prüfung des gemeinsamen Grundcharakters gehen sie aus dem Wege.

Während die Grundbegriffe anderer Verbrechenskategorien schon eingehend besprochen und zerlegt werden, gilt dem Amtsverbrechen gegenüber trotz mannigfacher umständlicher Besprechung der Standpunkt der positiven Normen, sie werden citirt, weil sie nicht übergangen werden können, und bei dem Mangel der einheitlichen Bearbeitung und Zusammenfassung ergibt sich auch, dass die einzelnen Fälle des Amtsmissbrauches in den verschiedensten Verbrechensgattungen untergebracht werden.

Einen Theil der Amtsverbrechen nimmt das crimen falsi und furti, einen andern das crimen vis auf, ambitus und Simonie werden noch immer als selbstständige Verbrechen behandelt, und die Zahl der vorhandenen Delicte um zwei neue Eigenarten, das Amtsdelict des Gefangenwärters und jenes des Procurators vermehrt.

G. A. Kleinschrod [20]):
„Die meiste Beschwerde hat in der Ausführung die

---

[20]) G. A. Kleinschrod. Systemat. Entwicklung der Grundbegriffe und Grundwahrheiten des peinlichen Rechtes. III. Thl. §. 235.

zweite Hälfte des theoret. Theiles und die specielle Lehre von einzelnen Missethaten und deren Strafen. Es ist nämlich **gar nicht leicht** eine natürliche und systematische Ordnung der einzelnen Verbrechen aufzustellen."

Nach diesen bedeutsamen Eingangsworten stellt Kl. das Schema auf, dass die Verbrechen nach dem Objecte der Verletzung in **zwei** Classen zu theilen wären:
1. in Verbrechen wider die Rechte der Menschen,
2. in Verbrechen wider die öffentliche Ordnung;

zu den Verbrechen der ersten Klasse rechnet er
a) die Staatsverbrechen,
b) Verbrechen wider die Majestät,
c) Verbrechen gegen Städte und Gemeinden, und
d) Verbrechen gegen einzelne.

Zu den Verbrechen der zweiten Classe dagegen:
a) Verbrechen gegen die Religion,
b) Verletzungen der Gesetze über Sitte und Form der Ehe,
c) Vergehen gegen Gesetze über Auswanderung, und
d) Vergehen gegen die Verordnungen, welche die Verfassung von Collegien und Versammlungen betreffen.

Die Amtsverbrechen rechnet Kl. zu den Staatsverbrechen, weil dieselben entweder, wie das crimen de residuis, die Güter des Staates schädigen, oder wie der ambitus, die Simonie und das crimen repetundarum, Aemter und Würden im Staate verletzen; da nun der Staat ohne diese den Schutz der natürlichen Rechte und des Eigenthums der Menschen nicht gewähren könne, „so seien Recht und Eigenthum der Menschen durch die benannten Vergehungen mittelbar verletzt."

Wie irrig insbesondere der letztere Theil der erwähnten Anschauung ist, bedarf keiner umfassenden Auseinandersetzung.

Würde es sich blos um den mittelbaren Schutz der Rechte der Staatsbürger handeln, so könnte beispielsweise

Jener, welcher bei sonstiger Befähigung die Erlangung des Staatsamtes mittelst Bestechung anstrebt, eines Verbrechens nicht beinzichtigt werden, und umgekehrt müsste man den unfähigen Bewerber, der sich, seiner Unfähigkeit bewusst, um ein Amt bewirbt, des Verbrechens wider Würde und Amt beschuldigen. Auch ist es nicht abzusehen, warum bei dieser Grundanschauung von dem Momente der mittelbaren und unmittelbaren Verletzung der Rechte der Bürger nicht das crimen de repetundis zu den unmittelbaren Verletzungen gerechnet werden sollte und könnte?

Wir sehen somit schon bei Kleinschrod das verfehlte Bestreben, das System von oben herab zusammenzusetzen und positive Normen statt dieselben auf historisch-dogmatischem Wege zu prüfen — in ein willkürliches Schema einzuzwängen.

P. J. A. Feuerbach hat der Bedeutung und Eigenthümlichkeit der sogenannten Amtsverbrechen im Systeme den höchsten Tribut gezollt, indem er nach der äussern Anordnung, die besonderen Verbrechen den gemeinen Verbrechen als Hauptart entgegenstellt, somit die Stelle L. 2 de re militari 49. 16. als Grundeintheilung für das ganze System des besonderen Theiles des Strafrechtes acceptirt; jedoch will er nur das crimen repetundarum, das crimen de residuis und das Verbrechen verletzter Richterspflicht als besondere Verbrechen der Staatsbeamten gelten lassen, den ambitus führt er als Verbrechen wider die anordnende Gewalt an, und das Verbrechen des Gefangenaufsehers durch Befreiung des Gefangenen lässt er unter den Verbrechen wider die richterliche Gewalt weiter figuriren, Praevarication und Concussion der Beamten sind ihm Trugsverbrechen.

Diese von Feuerbach getroffene Haupteintheilung der Delicte in gemeine, „die von Jedem begangen werden können", und besondere, die nur von Beamten oder Militairs verübt werden, ist für die Geschichte der Entwicklung der

Amtsverbrechen sehr bezeichnend; sie zeigt klar und deutlich, dass die Amtsverbrechen im Systeme des besonderen Strafrechts von jeher die eigenthümlichste Stellung einnahmen, indem sie dem gewöhnlichen Schema sich durchaus nicht anpassen liessen.

Bei allen Verbrechensgattungen liess sich das Object der Rechtsverletzung als Eintheilungsgrund abstrahiren, bei den Amtsverbrechen misslang zumeist der Versuch, man ging im Gegensatze zu dem leitenden Unterscheidungsgrunde auf die Person des Thäters zurück, und stellte so den Amtsverbrechen alle übrigen Verbrechen als Eine Kategorie gegenüber, den Grundsatz aufstellend, dass allgemeine Verbrechen von Jedermann im Staate, besondere Verbrechen jedoch nur von Staatsbeamten und Soldaten begangen werden können.

Dieser Feuerbachischen, auf dem Momente der allgemeinen und der besonderen Pflichtverletzung beruhenden Grundanschauung, sind mit Bezug auf die Amtsverbrechen die meisten deutschen Gesetzgebungen gefolgt, und so verstieg man sich schliesslich zu der Sonderbarkeit die Verletzung eines Fabriksgeheimnisses durch den Civilbediensteten gleichfalls für eine Species des Amtsmissbrauches anzusehen und zu erklären.

Zu diesen Missgriffen wurde Doctrin und Legislation durch die Verkennung des historischen Charakters der Amtsverbrechen verleitet.

Mittermaier[21]) wirft der Feuerbachischen Verbrechenseintheilung vor, dass sie den Gesichtspunkt des gemeinen Rechtes gar nicht beachte, dass sie theils principlos sei, theils auf einem irrigen Principe beruhe.

Diese Kritik ist trotz ihrer Härte nicht unverdient, jedoch muss es bedauert werden, dass der geistreiche Com-

---

[21]) Mittermaier Feuerbach's Lehrbuch des gemeinen peinlichen Rechtes. Note I zu §. 161.

mentator Feuerbach's weder in seinen Anmerkungen und Zusätzen, noch auch späterhin in seinen umfassenden Detailarbeiten die Gelegenheit gefunden hat seinerseits ein umfassendes und praecises System des besonderen Theiles aufzustellen und durchzuführen.

Auch von der Lehre von den Amtsverbrechen, wie selbe in der Wissenschaft und in den neuen Gesetzgebungen aufgestellt wird, hält sich Mittermaier nicht befriedigt; aber auch er sucht die Ursachen dieses Fehlgriffs nicht dort, wo sie naturgemäss hervortreten müssten.

Auch Mittermaier beginnt von dem Momente der besonderen Pflichtenverletzung seitens des Beamten auszugehen und widmet seine Aufmerksamkeit dem Unterschiede zwischen Amtsverbrechen und Disciplinarvergehen, als ob die Amtsverbrechen aus den letzteren entstanden wären, während doch beide Arten der strafbaren Handlungen ganz verschiedene Ausgangspunkte haben, und verschiedenen Doctrinen angehören.

Sieht man die Amtsverbrechen als die Verbrechen besonderer Stände an, so muss active Bestechung von passiver Bestechung getrennt werden, da es doch, wie Mittermaier selbst zugibt, nicht angeht eine Theilnahme der Miturheberschaft seitens des Bestechenden zu fingiren.

Da auch, wie bereits oben bemerkt wurde, die Amtsverleihung an Unwürdige aus den Verbrechen der besonderen Stände nicht ausgeschieden zu werden vermag, so muss auch dieser Eintheilungsgrund als ein unzureichender angesehen werden.

C. A. Tittmann [22]) theilt die Verbrechen nach dem Objecte der Verletzung ein, und will als Unterscheidungsgrund den Unterschied zwischen angeborenen und erworbenen Rechten durchgeführt wissen.

---

[22]) C. A. Tittmann Handbuch des gem. deutschen peinlichen Rechtes. I. Thl. 3. Cap.

Die strafbare Verletzung ersterer bilde ein **Verbrechen**, die der letzteren ein blosses **Vergehen**.

Innerhalb der Verbrechen und Vergehen wird wieder zwischen **einfachen** und **vielfachen** Vergehen und Verbrechen unterschieden, „jenachdem **eine** oder **mehrere** Arten von Rechten verletzt erscheinen."

Die von Feuerbach u. A. so nachdrücklich hervorgehobene Unterscheidung zwischen **gemeinen** und **besonderen** Verbrechen findet bei Tittmann selbst unter den „unrichtigen und unnützen Eintheilungen" keinen Platz mehr, sie gilt ihm für „wenig erheblich", „da sie auf die Ausübung des Strafrechtes selbst nicht den geringsten Einfluss hat."

Rücksichtlich der Stellung der Amtsverbrechen in dem von Tittmann aufgestellten Systeme des besonderen Theiles ist Folgendes hervorzuheben:

Tittman erkennt **den Missbrauch anvertrauter öffentlicher Gewalt als ein Delictgenus an, durch das die vollziehende regierende Gewalt des Staates verletzt wird.**

Er spricht bereits von einem Missbrauche der anvertrauten öffentlichen Gewalt „überhaupt" als gemeinsamen Gattungsbegriffe, und rechnet hiezu

I. die widerrechtliche Besetzung der öffentlichen Aemter,
II. die Beugung des Rechtes aus Parteilichkeit,
III. die Erpressung, und
IV. die Verletzung der Amtsverschwiegenheit.

Auch T. findet das strafbare Moment in der Verletzung **der durch das Amt übernommenen Pflichten,** darum „hält er auch die Handlung **des Amtserschleichers** für so wenig juristisch strafbar, als es die Verführung eines Menschen zur Immoralität ist."

Die concussio mittelst der anvertrauten öffentlichen Gewalt trennt T. von der Privatbedrohung, indem er ihr allein die technische Bezeichnung der „**Erpressung**" gibt.

Die vorsätzliche Befreiung des Gefangenen durch Gefangenwärter oder Gerichtsdiener ist nach T. gegen die richterliche, und nicht wie die anderen Arten des Amtsmissbrauchs gegen die vollziehende Gewalt des Staates gerichtet, weil „der Missbrauch des Amtes nur das Mittel zu der Handlung sei."

Diese Argumentation, wodurch T. und Andere die Thatsache, dass das erwähnte Delict nicht zu den Amtsverbrechen gezählt wird, zu erklären suchen, ist unhaltbar. Wenn schon von einem „Mittel zur Handlung" gesprochen werden soll, so wäre dies auch bei allen übrigen Verbrechen im Amte der Fall; jedem „Missbraucher" seines Amtes ist der Missbrauch ein Mittel zur beabsichtigten Rechtsverletzung, aber dieses Mittel lässt sich von der verbrecherischen Handlung nicht derart trennen, wie dies T. rücksichtlich der Befreiung des Gefangenen durch den Gefangenwärter zu thun versucht.

Das crimen de residuis wird neben der Nichtentrichtung der dem Staate schuldigen Abgaben von Tittmann als „Störung der ökonomischen Verhältnisse des Staates angesehen."

Eine eigenthümliche bisher von Wenigen acceptirte und befolgte Eintheilung der Verbrechen hat

Martin[22]) getroffen, er hält die bisherige Eintheilung in Staats- und Privatverbrechen für zweckmässig, und findet die Verschiedenheit darin, dass Erstere den Staat als moralische Person unmittelbar, Letztere dagegen durch Kränkung der einzelnen Staatsbürger in ihren Rechten nur folgeweise verletzen; neben Staats- und Privatverbrechen unterscheidet aber Martin noch eine dritte Art unter dem Namen gemischte Staats- und Privatverbrechen, wo neben der Verletzung des Einzelnen noch eine bedeutende Verletzung des öffentlichen Wohles vorkomme.

Innerhalb der Staatsverbrechen unterscheidet Martin

---

[22]) Dr. Martin Lehrbuch des Deutschen gem. Criminalrechtes. Vorrede zur 1. Ausgabe.

Staatsverbrechen im **engeren** Sinne, die gegen die **Existenz** (**Verfassung**) des Staates gerichtet sind, und Staatsverbrechen, die die Ausübung der Staatsgewalt in deren **einzelnen** Zweigen stören — Regierungsverbrechen, zu welch' letzteren als erste Unterart Martin die Amtsvergehungen der öffentlich Angestellten rechnet.

M. hat diese „Amtsvergehungen" mit der grössten Ausführlichkeit behandelt und bezüglich derselben ein Schema aufgestellt, dem sich der Vorzug der möglichsten Vollkommenheit, Klarheit und Präcision nicht bestreiten lässt. Wenn wir von der irrigen Anschauung absehen, dass Martin das entscheidende Delictsmoment in der **Gefährlichkeit** erblickt, welche eine Pflichtverletzung des Angestellten für den anstellenden Staat birgt, so muss die systematische Behandlung des Amtsmissbrauches, wie sie von M. durchgeführt wird, von unserem Standpunkte aus als eine mustergiltige und correcte, weil der historischen Entwicklung des Delictes entsprechende, angesehen werden. —

M. unterscheidet zuvörderst;
A) Amtsvergehungen der **eigentlichen** Staatsdiener, und
B) Amtsvergehungen der **uneigentlichen** Staatsdiener.

Bezüglich der ersteren scheidet er wieder:
a) Vergehungen der eigentlichen Staatsdiener **jeder Art** — **ambitus**, **Bestechung** und **Concussion des Staatsdieners**.
b) Dann Vergehungen eines Staatsdieners bestimmter Art u. z. **Parteilichkeit des Richters**, **Dienstvergehen des Gefangenwächters** und **Amtsvergehen des Cassiers**, dann Militärverbrechen.

Innerhalb der Amtsvergehen der uneigentlichen Staatsdiener werden hervorgehoben jene
a) der Procuratoren und Advocaten,
b) der Vormünder und Pfleger.

Wir werden der Rechtfertigung dieser Eintheilung, welche auf der einzig richtigen Erkenntniss des Wesens des

Amtsverbrechens beruht, bei Entwickelung und Darstellung unserer Ansicht eine längere Betrachtung zu widmen haben, müssen aber bereits an dieser Stelle zugeben, dass nur die Stellung des Delictes der Amtserschleichung und activen Bestechung in der Durchführung einige Schwierigkeiten, jedoch nur untergeordneter Art bietet; hier muss der Treue der historischen Entwicklung ein Opfer gebracht werden, das jedoch der Systematiker, wenn sonst seine Darstellung sich als correct bewährt, sich gerne gefallen lassen mag.

E. Henke [24]) erkennt die Möglichkeit der Aufstellung und Durchführbarkeit eines Systems des besonderen Theiles nicht an, und begründet dies mit der Anschauung, dass der Begriff des Verbrechens nicht absolut bestimmt werden könne, vielmehr nach der Verschiedenheit des Zeitalters und des Charakters der Völker bald ausgedehnter bald beschränkter erscheint. Diese Wandelbarkeit des Begriffes des Verbrechens überhaupt und die Manigfaltigkeit der Rücksichten, aus welchen eine und dieselbe Handlung als strafbar erscheint, mache es unmöglich eine streng systematische Ordnung zu beobachten.

„. . . . Die aufzustellende Eintheilung der Verbrechen nach Classen habe demnach keine anderen Forderungen zu erfüllen, als dass die Uebersicht dadurch erleichtert werde."

Von der dargestellten Ansicht ausgehend bricht H. über die von älteren Schriftstellern aufgestellten Systeme rücksichtslos den Stab, indem er gegen dieselben vielfach den Vorwurf der Unwissenschaftlichkeit und Lückenhaftigkeit erhebt; er bekämpft die Eintheilung der Verbrechen in Verbrechen im engern Sinne und in Vergehen oder Polizeiübertretungen, verwirft Tittmanns Anschauung von der Verletzung angeborener und erworbener Rechte, und bringt mehr oder weniger Erhebliches gegen die anderen Eintheilungsarten vor, erwähnt aber ausdrücklich der Unterscheidung zwischen

---

[24]) Dr. H. W. E. Henke Lehrbuch der Strafrechtswissenschaft. §. 14.

gemeinen und besonderen Verbrechen — delictum commune und delictum proprium.

Wir möchten indess es sehr bezweifeln, dass H. mit der von ihm selbst getroffenen, Feuerbach entlehnten Eintheilung wirklich nur eine „Erleichterung der Uebersicht" erzielen wollte. Die Anschauung von der Unzulänglichkeit der getroffenen Eintheilung ist eine richtige, aber sie reicht zu der Rechtfertigung der Geringschätzung des Werthes einer systematischen Eintheilung der Delicte nicht aus; wem es blos um „Erleichterung der Uebersicht" zu thun ist, der zieht nicht jene sorgsamen Grenzlinien innerhalb der verschiedenen Rechtsverletzungen, wie wir sie bei H. vorfinden.

Den Amtsmissbrauch erklärt H. für ein **besonderes, öffentliches** Verbrechen der Staatsbeamten, und erblickt in demselben eine ideale Concurrenz von **Pflichtverletzungen gegen die Rechte des Einzelnen** und gegen die Heiligkeit der mit dem Staate eingegangenen Verbindlichkeiten.

Wie sich unter eine solche Begriffsbestimmung die **Erschleichung des Amtes** seitens eines Privaten subsumiren lassen könnte, ohne das Wesen des Delictes zu verkennen, diese Frage lässt H. ebenso unerörtert, wie alle Anderen, die von dem erwähnten Gesichtspunkte aus den Begriff des Amtsmissbrauches construiren zu können vermeinen.

Die Scheidung in die Unterabtheilungen:

a) Verbrechen bei Erlangung eines Amtes, und
b) Verbrechen im Amte selbst,

langt zur genügenden Erklärung des innern Widerspruches keineswegs aus; der Missbrauch der Amtsgewalt als Gattungsdelict betrachtet, lässt sich nach der Schablone der allgemeinen und besonderen Pflichtverletzung nicht behandeln.

In der eingehendsten Weise hat sich K. G. Wächter mit der Frage nach der systemat. Eintheilung des besonderen Strafrechtes befasst. Nahezu die ganze Vorrede des III. Theiles seines Lehrbuches vom röm. teutschen Strafrechte widmet er „der Darstellung und Kritik der Classification und Anordnung der Verbrechen, welche in den älteren und neueren Systemen des Strafrechtes im besondern Theile befolgt sind", und gelangt nach Verwerfung aller bisher beliebten Eintheilungsgründe zu nachstehender Theorie: Die Verbrechen seien nach den Rechten oder Verbindlichkeiten, deren Verletzung sie wesentlich und unmittelbar enthalten, zusammenzustellen. Als Grundlage dieser Anordnung betrachtet er sodann die drei römischen Aushilfsverbrechen „vis, injuriae und falsum." Vis und injuriae bezögen sich mehr auf die unmittelbare Verletzung der Persönlichkeit, falsum habe mehr eine Richtung gegen die Vermögensrechte; den Schluss machen die Verbrechen gegen den Staat. — Diese Eintheilung, so scharfsinnig ihre Deduction verfochten wird, trägt unläugbar den Stempel der Willkür und des Gekünstelten.

Das Unzureichende, womit die äussere Handlung in den angedeuteten Formen dargestellt wird, fällt auf den ersten Blick in die Augen; vis und injuriae scheiden sich keineswegs so streng, dass sie die Grundlage der Anordnung aller Verbrechen abzugeben vermöchten, und ebensowenig correspondiren mit den erwähnten Hauptformen einerseits die Verletzungen der Persönlichkeit, andererseits die Verletzungen der Vermögensrechte.

Auch ist es widersinnig das wichtige Capitel der Staatsverbrechen als ein blosses Corrolar aus den anderen Rechtsverletzungs-Formen anzusehen.

Bezüglich der Stellung der Verletzungen der Amtspflicht in dem obigcitirten Systeme, so erscheinen dieselben nach Voraussendung des Capitels über die Fälschung und ihre Unterarten, als ein besonderes Delictsgenus angeführt, ohne dass es ersichtlich wäre, welche Rechte oder Verbindlichkeiten W. durch sie für verletzt erachtet.

Hervorzuheben ist bei der Behandlung, die W. den Verletzungen der Amtspflicht angedeihen lässt, dass er auch die Verletzung der Amtspflicht seitens des Gefangenwärters, ferner die Cassaveruntreuung als Unterarten des erwähnten Hauptdelictes anführt, somit der Umfang der Amtsverbrechen bei Wächter am ausgedehntesten und weitesten erscheint.

Das Moment der unterlaufenden Vertragsverletzung hat W. dadurch berücksichtigen zu müssen geglaubt, dass er den Amtsverbrechen die strafbare Treulosigkeit in privatrechtlichen Verhältnissen, den Ehebruch, die Bigamie etc. unmittelbar vorausschickt.

Dr. C. F. Rosshirt [25]) lässt einer Kritik der Ansichten der Vorgänger über die Anordnung des besonderen Theiles seine Anschauung in Nachstehendem folgen: Das System des besonderen Theiles des deutschen Strafrechtes habe dasjenige zu sein, welches sich aus den Quellen des deutschen Strafrechtes herleiten lässt, hier aber lasse sich folgendes erkennen.

Die Delicte würden sich eintheilen lassen:

a) nach der Absicht der Verbrechen und der daraus hervorgehenden Beeinträchtigung des Staatsinteresses. Mithin würden nach diesem Gesichtspunkte die meisten Gattungen der Verbrechen ohne weitere Eintheilung und ohne höhere Begriffsbildung in ebenso viel Capiteln behandelt werden müssen, als das Staatsinteresse objectiv verletzt erscheint; Religionsverbrechen, Verbrechen gegen die Integrität des Staates, Verbrechen gegen das Leben etc.;

b) mit Rücksicht auf die bereits verbrecherische Form der Handlung gäbe es die Gattung der Injurien und Betrügereien, und von dem Standpunkte der öffentlichen Aemter seien zu unterscheiden

c) die delicta propria. Dieselben wären, obzwar sie objectiv hinlänglich sichergestellt werden können, „an das Ende des Systems anhangsweise" aufzustellen.

Im Allgemeinen wird die Möglichkeit der Aufstellung eines richtigen Systems des besonderen Theiles des Strafrechtes von Rosshirt geläugnet.

---

[25]) „Entwicklungen" der Grundsätze des Strafrechtes im besonderen Theile.

Diese falsche Grundanschauung R. ist heute bereits antiquirt; es ist die conditio sine qua non der wissenschaftlichen Bearbeitung eines vorhandenen reichhaltigen Materials dasselbe systematisch zu erfassen, und es ist keine Frage mehr, dass das dem Strafrechte zu Grunde liegende Unrecht einer systemat. Bearbeitung nicht principiel entgegen steht, wie dies in neuerer Zeit von Marczol behauptet wird.

Noch unrichtiger ist die Anschauung Rosshirt's, nach der „das Capitel von den Dienstvergehen keine eigene Geschichte haben soll, weder Rechts- noch Litterairgeschichte", nach der einzelne Worte und Erinnerungen im röm. und can. Rechte den Irrthum „erzeugt haben sollen, als müsse man ein eigenes Capitel über die Verbrechen der Staatsdiener aufstellen." [26])

Es ist diese Behauptung R. in ihrer Unrichtigkeit geradezu frappirend, einmal weil sie mit der historischen Entwicklung des Delictes in so thatsächlich entschiedenem Widerspruche sich befindet, andererseits weil nach der historischen Richtung, die bei Rosshirt vorwaltet, es von ihm am allerwenigsten hätte erwartet werden sollen, die Berechtigung zu verkennen, die eben die historische Entwicklung des Amtsdelictes dem Amtsverbrechen bezüglich einer hervorragenden Stellung im Systeme gesichert hat.

Rosshirt nennt die Geschichte des Amtsdelictes im röm. und can. Rechte „einzelne Worte und Erinnerungen", und doch wird die Bestechlichkeit des judex arbiterve, qui ob rem dicendam pecuniam accepisse, convictus est, bereits in den XII Tafelgesetzen verpönt, das crimen repetundarum in der lex Porcia, Calpurnia, Junia, Servilia und Acilia, Cornelia und Julia mit einer Ausführlichkeit und Gründlichkeit behandelt, wie sie seitdem von keiner Gesetzgebung noch erreicht wurde.

Sollen wir, um die Unstichhältigkeit der Anschauung

---

[26]) Derselbe, Geschichte des deutschen Strafrechtes. III. Theil §. 227.

R. noch weiterhin darzuthun, die sorgfältige Behandlung des crimen repetundarum während der Kaiserzeit, die Bedeutung des Peculats, das crimen de residuis, endlich die staatsrechtliche Bedeutung des crimen de ambitu im römischen und der Simonie im can. Rechte näher erörtern? — Fürwahr, es genügt wohl dieser einfache Hinweis, um darzuthun, dass das, was R. einzelne Worte und Erinnerungen zu nennen beliebt, eine Rechts- und Litterairgeschichte der Amtsdelicte begründet, wie sie kein anderes Delictsgenus aufweist, noch je aufweisen wird.

So wenig wir R. in der Auffassung der Stellung der Amtsdelicte im Systeme beistimmen können, so müssen wir es andererseits anerkennen, dass er die einzelnen Amtsdelicte selbst in zutreffender Weise als Unterarten des Amtsmissbrauches aufgefasst und behandelt hat; trotzdem er über die Bedeutung der historischen Entwicklung der Delicte so vornehm hinwegzugehen scheint, so hat er ihr doch bedeutende Rechnung getragen, und die „sogenannten" Dienstvergehen in Einem Buche zusammengefasst, sie als organisches Ganze den übrigen strafbaren Handlungen gegenüber stellend; ja er dehnt den Begriff des Amtsdelictes auf Delicte aus, die sich mehr weniger als Unterarten anderer Gattungen präsentiren, oder doch im Laufe historischer Entwicklung von den Amtsdelicten sich loslösend, den Anstoss zur Bildung neuer Delictsgattungen gegeben haben. So ist die Verrätherei des Staatsbeamten nach R. ein Amtsdelict, die wörtliche oder thätliche Injurie eines öffentlichen Beamten gegenüber einem Amtsuntergebenen wird sammt dem Peculat und dem Residuum als eine species des Amtsdelictes neben dem Excesse der Amtsgewalt aufgestellt. Der ambitus, die simonia, die pecuniae repetundae sind nach R., obzwar er nicht unterlässt, sie zu den Amtsdelicten zu zählen, „eigentlich nur crimina falsi".

Wegen der passiven Bestechung können nach R. nur Richter und Gefangenwärter belangt werden.

Es scheidet somit R. das Amtsdelict in allen seinen vielfachen und verzweigten Unterarten als ein delictum sui generis aus dem Systeme der strafbaren Handlungen aus, und vindicirt den einzelnen Unterarten ein gemeinsames charakteristisches Merkmal, das in dem Subjecte des Verbrechens, dem Staatsdiener, liegen soll, weshalb es auch einem extraneus nicht zugerechnet werden könne.

Insoweit R. die sogenannten Dienstvergehen als Unterarten Eines delictum sui generis auffasst, und dieses den anderen Delictsgattungen gegenüber stellt, hat er richtiger als die anderen Strafrechtslehrer der historischen Entwicklung Rechnung getragen; aber er irrt, wenn er das Amtsdelict aus dem Systeme ausscheiden zu können glaubt, und Delicte, wie die Verrätherei des Beamten als Unterarten der sogenannten Dienstvergehen, auffasst.

Das Amtsdelict kann aus dem Systeme in keinerlei Weise ausgeschieden werden, da es von jeher seine Stellung darin eben um seiner historischen Eigenart willen behauptet hat; dagegen kann nicht jedes Verbrechen, das von einem Beamten in seiner amtlichen Stellung begangen wird, wie die Verrätherei, die an den Amtsuntergebenen verübte Injurie, den Amtsverbrechen beigezählt werden, weil eben die historische Berechtigung hiezu vollkommen abgeht, und auch weiterhin kein Grund vorhanden ist, aus einem Delicte, das die Merkmale einer andern Gattung aufweist, eine Unterart des Amtsdelictes zu construiren.

Hat Rosshirt, wie wir gezeigt zu haben glauben, einerseits zwar den Begriff des Amtsverbrechens auf strafbare Handlungen ausgedehnt, die die heutige Doctrin einmüthig anderen Delictsgattungen beizählt, andererseits aber dem Dienstverbrechen die selbstständige Stellung im Systeme geradezu abgesprochen, so wollen wir uns nunmehr mit einer kurzen Darstellung der Anschauung seiner Nachfolger beschäftigen, die dem Wesen der Sache nach den Charakter der sogenannten Dienstverbrechen nicht minder unterschätzten und verkannten, als Rosshirt, doch aber bereits die selbstständige Stellung im Systeme, als delictum sui generis vollkommen anerkennen.

In gedrängter Kürze behandelt Dr. *A. W. Heffter* [27]) die Lehre von der Eintheilung der einzelnen Delictsgattungen, er hält die Eintheilung nach der grösseren oder minderen Strafbarkeit für praktisch erfolgreich, erklärt sie aber für unwissenschaftlich, und acceptirt daher die Eintheilung nach der Beschaffenheit der verletzten Rechtsanforderung, indem er zwei Hauptkategorien von Verbrechen aufstellt:

I. **Verbrechen gegen Existenz und Persönlichkeit des Staates oder der Einzelnen unmittelbar geübt.**
II. **Verbrechen gegen die Rechtsinstitute in Ansehung äusserer menschlicher Güter.**

Durchgeführt finden wir diese Eintheilung jedoch nicht; insbesondere rücksichtlich der **delicta propria** befolgt Heffter die Anordnung Feuerbach's, Rosshirt's u. A., und stellt sie am Schlusse des Systems allen anderen gemeinen Delicten gegenüber; er rechnet zu denselben:

a) Die concussio des Staatsbeamten,
b) die Bestechung, als jene Delicte, die von allen Staatsdienern begangen werden können; ferner werden dahin gezählt:
c) Verbrechen der Justizdiener,
d) der Cassabeamten,
e) der Militärpersonen,
f) der Medicinalpersonen und
g) der Kirchendiener;

ausgeschieden aus den Amtsverbrechen erscheinen somit:

---

[27]) Dr. A. W. Heffter Lehrbuch des gem. deutschen Strafrechtes. §. 196.

a) der ambitus, der als ein Verbrechen gegen die Hoheitsrechte des Staates angesehen wird, dann

b) die Befreiung des Gefangenen durch den Gefängniswärter, die zu derselben Classe von Delicten gerechnet wird, und

c) die Unredlichkeit in Bezug auf Vormundschaft und Rechtspflege, welche letztern Delicte als Verbrechen gegen die Rechtspflichten zur Wahrheit und Redlichkeit angesehen werden.

Wir sehen an diesem Schema, zu welchen Verirrungen die Vorstellung von der Bedeutsamkeit der oft citirten Stelle 1. 2. de re milit. führte, wie, um das in ihr vermeintlich ruhende Princip der Zweitheilung der Verbrechen nach der Beschaffenheit des Thäters durchzuführen, Delicte, die zu einander gehörten, auseinander gerissen, und wieder andererseits Delicte neben einander angeführt und behandelt werden, welche ihrem Wesen nach grundverschieden von einander sind; die sogenannten Verbrechen der Medicinalpersonen können weder historisch noch dogmatisch auf die Amtsverbrechen rückgeführt werden, da sie mit denselben gar nichts Gemeinsames haben und auf einem ganz andern Principe beruhen.

Dagegen lässt sich der ambitus im Grunde seines historischen Ursprunges und seiner historischen Weiterbildung von den Amtsverbrechen **nicht** trennen und loslösen, wenn er auch die Person des wirklichen Beamten als Thäters **nicht** zur Voraussetzung hat.

Es ist eine Inconsequenz Heffter's und A. rücksichtlich der Amtsverbrechen einmal eine einfache Quellenstelle als massgebendes Princip für die Eintheilung sämmtlicher Delicte gelten zu lassen, das anderemal aber innerhalb der Behandlung desselben Delictes die Bedeutung historischer Entwicklung ganz zu übersehen oder vielmehr zu missachten; entweder man erkennt delicta propria gar nicht an, geschieht dies aber, so kann man nicht gerade jene Delicte ausschliessen, die vor allen andern zur Bildung der Hauptgattung den Anlass geben.

J. F. H. Abegg gelangte auf dem Wege dogmatisirender Forschung zu nachstehendem Resultate:

Die Würdigung der **Handlung** gibt das Princip der Classification ab; diese Handlung erscheine ihrem Inhalte nach als gegen bestimmte Objecte gerichtet, darnach erfolge die Eintheilung nach dem Gegenstande der Verletzung; zuvor jedoch komme die **Form** der Handlung zur Berücksichtigung, und da erscheine sie als **Gewalt** oder **Betrug** dieses Princip sei dem Geiste der Quellen zu entlehnen, und daraus ergebe sich:
- *a)* nach der Gestaltung und Form der Handlung der nächste Eintheilungsgrund,
- *b)* nach dem objectiven Gesichtspunkte aber eine Sonderung von öffentlichen und Privatverbrechen, und innerhalb Letzterer eine Sonderung zwischen Verletzung der Persönlichkeit und Verletzung der Rechte derselben; ebenso sei der Unterschied zwischen **gemeinen** und **Amtsverbrechen** dem positiven Rechte entlehnt.

Aus diesen Hauptgruppen der Verbrechen und deren Unterarten ergebe sich auch das Princip ihrer Anordnung und Aufeinanderfolge, und so stellt Abegg folgendes Delictsschema auf:
I. Formale Verbrechen, Gewalt und Betrug sammt ihren Unterarten.
II. Materiale Verbrechen mit den Unterabtheilungen:
- a) Privatverbrechen,
    - α) Verbrechen an der Persönlichkeit, Tödtung, Gesundheits-, Ehre- und Freiheitsschädigung,
    - β) Verbrechen gegen das Rechtsgebiet der Person; Treubruch, Eigenthumsverletzung.
- b) Verbrechen gegen das Gemeinwesen in der bekannten weiteren Gliederung.
- c) Verbrechen gegen Sitte und Religion.

Die besonderen Verbrechen der öffentlichen Beamten

werden den gemeinen Verbrechen gegen die Staatsgewalt und Staatshoheitsrechte gegenüber gestellt und geschieden:

a) in Verbrechen der Beamten aller Art, ambitus und concussio,

b) in Verbrechen der Beamten einer bestimmten Classe:
α) Verbrechen der bei der Rechtspflege angestellten Beamten,
β) der Cassabeamten,
γ) der andern Beamtenstände.

Abegg hat diese seine Anschauung in den oft citirten Beiträgen über systematische Anordnung des besonderen Theiles in geistreicher Weise zu rechtfertigen versucht, wir glauben jedoch, dass er in den von ihm gerügten Fehler der künstlichen und willkührlichen Classificationssucht selbst verfiel, und Eintheilungsgründe aufgestellt hat, die sich zum Mindesten durch die Quellen allein nicht rechtfertigen lassen.

Die „besonderen" Verbrechen werden, wie dies schon aus der Ausführlichkeit des Schema hervorgeht, sehr umständlich behandelt, und es werden ihnen alle Delicte beigezählt, die nur irgend wie auf den Missbrauch einer amtlichen Gewalt sich zurückführen lassen.

Auch hier wird das Wesen des Delictes auf das besondere nähere Verhältniss des Beamten zum Staate und dessen Gesetzen rückgeführt, womit allerdings, wie schon öfters erwähnt wurde, das Verbrechen des ambitus und der activen Bestechung nicht begründet zu werden vermag.

Marezoll[28]*)* hält den besonderen Theil des gemeinen deutschen Criminalrechtes einer wissenschaftlichen Form für fähig und bedürftig; die Schwierigkeit der system. Behandlung liege darin, dass das Unrecht im Gegensatze zum Rechte kein organisches Ganzes bilde.

---

[28]) Dr. Th. Marezoll Das gemeine deutsche Criminalrecht. Einleitung zum besondern Theile §. 68.

Sucht man nach Stützpunkten für die Anordnung, so böten sich geschichtliche und philosophische dar. Die römisch rechtliche Eintheilung in delicta und crimina, in publica und privata delicta reiche für den heutigen Stand der Wissenschaft nicht aus; ebensowenig die Classification der Verbrechen in peinliche und unpeinliche; somit müsse man zu mehr rechtsphilosophischen Classificationsgründen greifen, von welchen sich als der brauchbarste jener Grund darstelle, nach welchem die Verbrechen in Staats- und Privatverbrechen eingetheilt werden.

Die verbrecherischen Hemmungen der geordneten Aemterverfassung zählen zu den Staatsverbrechen, und innerhalb derselben finden wir in erster Reihe den ambitus, ferner die eigentlichen Amtsverbrechen u. z. Erpressung im Amte, Bestechung active und passive, besondere Verbrechen der Justizbeamten, der Cassabeamten, des Gefangenwärters.

Die Praevarication des Rechtsanwalts rechnet Marezoll zu den besonders ausgezeichneten Fällen der Fälschung.

Berner [29]) hält gleich Anderen eine durchschneidende Eintheilung für unmöglich, man müsse sich damit begnügen, die verschiedenen Verbrechen nach ihrem Hauptcharakter zu gruppiren.

Der vornehmste Gesichtspunkt sei hiebei der Gegenstand der Verletzung und nach diesem Gesichtspunkte könnte man die Delicte eintheilen:

I. Verbrechen gegen die Rechtssphäre des Einzelnen.
II. Verbrechen gegen die Rechtssphäre der Familie.
III. Verbrechen gegen die Gesellschaft.
IV. Verbrechen gegen den Staat.
V. Verbrechen gegen Religion und Kirche.

Die Willkürlichkeit dieser Eintheilung leuchtet auf den

---

[29]) Dr. A. F. Berner Lehrbuch des deutschen Strafrechtes. §. 148.

ersten Blick ein, Berner hat sich auch nicht bemüht die innere Berechtigung dieses Schema irgendwie darzuthun.

So gut Berner von einer Rechtssphäre der Gesellschaft zum Unterschiede von einer Rechtssphäre des Staates spricht, ebenso hätte er auch noch von einer Rechtssphäre der Gemeinde etc. sprechen können.

Berner hat mit der geschichtlichen Entwicklung der Eintheilungsgründe gebrochen, ohne etwas Vollkommenes an die Stelle bisheriger praktisch gewordener Eintheilungsgründe zu setzen.

Zu der Classe der Amtsverbrechen gelangt Berner folgendermassen:

Die Staatsverbrechen richten sich gegen den Staat als Person, welche denkt, will, handelt; die Ausführung des Denkens und Wollens ist Sache der Verwaltung, welche letztere in zweifacher Weise angegriffen werden könne, von Unterthanen jeder Art, und von Beamten als solchen; zwischen den Verbrechen der erstern und letztern stünde gleichsam als Mittel- und Verbindungsglied das Verbrechen der Bestechung und das der widerrechtlichen Erlangung eines Amtes; und sonach werden als Amtsverbrechen angeführt:

a) Bestechung, widerrechtliche Erlangung des Amtes.
b) Missbrauch der Amtsgewalt im Allgemeinen.
c) Amtserpressung, concussio publica.
d) Verletzung des Dienstverhältnisses.
e) Veruntreuung im Amte.
f) Missbrauch der Polizeigewalt.
g) Beugung des Rechtes.
h) Verbrechen der Staats- und Rechtsanwälte.
i) Verbrechen der Gefängniss- und Gerichtsdiener.

Wir sehen, dass die Aufzählung der Amtsverbrechen eine ziemlich vollständige ist, und einen klaren Blick über das Delictsgenus und dessen Unterarten gestattet; ob aber die Verbrechen wirklich gegen die Verwaltungssphäre des Staates gerichtet sind, ob gerade die Rechtssphäre dieses Organismus in erster Reihe zu den verletzten Objecten gehöre, muss mit Rücksicht auf einzelne Unterarten des Missbrauches sehr bezweifelt werden.

Wenn ein Sachwalter zu Ungunsten seiner Partei dem Widerpart Rathschläge ertheilt, so wird hiedurch die Justizverwaltung in ihrer Rechtssphäre ebensowenig verletzt, als wenn ein Process durch einen ungeschickten Rechtsbeistand verloren wird; in ähnlicher Weise liesse sich das Unzureichende der Grundeintheilung Berner's auch an anderen Arten des Amtsmissbrauches aufzeigen.

Der allzufrüh verblichene Köstlin soll nach Gessler [30]) den besonderen Theil des Systems in drei Titeln darzustellen beabsichtigt haben:

I. Privatverbrechen.
II. Verbrechen gegen sittliche Organismen.
III. Verbrechen gegen den Staat.

Diese Eintheilung, obzwar sie wegen ihrer grossen Einfachheit und Natürlichkeit jedenfalls den Vorzug vor der vorangehenden Eintheilung Berner's verdient, leidet unzweifelhaft an Willkürlichkeit und an Mangel historischer Berechtigung. Die Classe „Verbrechen gegen sittliche Organismen" ist offenbar zu unbestimmt, abgesehen davon, dass auch der Staat von den sittlichen Organismen nicht geschieden zu werden vermag.

In der Ausführung dieses Systems wären die Amtsverbrechen wohl unzweifelhaft unter die Verbrechen gegen den Staat zu rechnen.

Aus der vorangehenden Darstellung geht hervor, dass eine Einigung rücksichtlich der systemat. Darstellung des besondern Theiles des Strafrechtes noch nicht erfolgt sei und auch noch ziemlich weit im Felde liege.

Wir finden diese Erscheinung sehr begreiflich, weil, was sich denn doch nicht bezweifeln lässt, ein einheitliches Prin-

---

[30]) Dr. Gessler Abhandlungen aus dem Strafrechte von Köstlin Vorrede.

cip, ein oberster Eintheilungsgrund des criminelen Unrechtes noch nicht anerkannt ist.

Insolange der Unterschied zwischen Civil- und Criminal-Unrecht principiel noch nicht festgestellt ist, und im Ganzen und Grossen der positiven Gesetzgebung die Aufgabe vorbehalten bleibt, durch das einfache sic volo, sic jubeo die Markungen der erwähnten beiden Rechtsgebiete zu bezeichnen, insolange wird auch ein streng wissenschaftliches System des besondern Strafrechtes sich nicht durchführen lassen.

Wegen Abgang dieser Vorbedingung kann indess der Versuch das vorhandene Material wissenschaftlich zu erfassen und zu behandeln, nicht aufgegeben werden, weil ein jeder dieser Versuche, selbst in seiner misslungenen Gestalt, der Ergründung der Wahrheit näher kommt, und vorhandene Irrthümer beseitigen hilft.

Von diesem letzten Standpunkte ausgehend kann als gewonnenes Resultat nur Folgendes zugegeben werden.

Das Strafrecht des Staates findet lediglich in der Verletzung bestehender und anerkannter Rechte seine sittliche Berechtigung, somit muss zunächst auf diesem Gebiete der Eintheilungsgrund der strafbaren Handlungen gesucht werden.

Wie nun einerseits das Einzelnindividuum als der physische Träger der strafbaren Handlung erscheint, so stellen sich als die Träger der verletzten Rechte dar:

a) Einzelnindividuen,

b) Gesammtheiten,

und hiernach wären vor allem Andern die criminel strafbaren Handlungen zu scheiden:

a) in solche, die die Rechte von Einzelnindividuen verletzen,

b) in solche, die die Rechte der Gesammtheiten schädigen.

Diese Eintheilung geht auch im Ganzen und Grossen durch alle Entwicklungsphasen des Strafrechtes hindurch.

Der Unterschied zwischen delicta publica und delicta

privata des römischen Strafrechtes, zwischen delicta ecclesiastica und saecularia des canonischen Rechtes, sowie alle späterhin getroffenen Unterscheidungen, sie führen in ihrem innern Wesen, in ihrem Ursprunge stets auf die Scheidung von Rechten der Einzelnindividuen und Rechten der Gesammtheiten zurück.

Fragen wir aber nach den Repräsentanten der „Gesammtheiten", so ergibt sich schon in diesem Punkte eine Divergenz der bis dahin so ziemlich einmüthigen Anschauungen.

Um nur der letzten Entwicklungsphase der Doctrin zu gedenken, hat man die lang fortgeerbte Ansicht, die staatliche Gesellschaft repräsentire allein diese Gesammtheit, fallen gelassen, und spricht von Rechten der neben dem Staate bestehenden sittlichen Organismen.

Im Uebrigen jedoch lässt sich die allgemeine Anerkennung des Principes nicht hinwegläugnen, dass die criminel strafbaren Handlungen entweder gegen die Rechte der Einzelnindividuen, oder gegen die Rechte der Gesammtheiten, oder endlich promiscue gegen die Rechte beider Existenzkategorien gerichtet seien. —

Die Weiterbildung des Systems auf dieser Basis wird nun in erster Linie sich mit der Frage nach den verschiedenen Rechtssphären der Berechtigten beschäftigen müssen, und nach den sich bei dieser Untersuchung ergebenden Resultaten wird sich eine weitere Eintheilung der strafbaren Handlungen nicht unschwer ergeben; in letzterer Linie endlich wird auf die Form der strafbaren Handlung selbst Bedacht genommen werden müssen, und da mit diesen Punkten die wesentlichsten Momente des strafbaren Eingriffs in fremde Rechtssphären erschöpft erscheinen, so würde eine weitere Eintheilung der strafbaren Handlungen anderweitigen mehr oder weniger zufälligen Merkmalen entnommen werden können.

Die Abstraction der entwickelten Grundsätze vermag jedoch für sich allein die richtige Darstellung eines Systems noch nicht zu begründen; so wie sie die Beobachtung des in positiver Form gesammelten und aufgestapelten Materials zur Voraussetzung hatte, so muss sie befruchtend zu demselben zurückkehren und an der Darstellung des Positiven, also auch Historischen darthun, dass dem Geiste desselben die abstrahirten Anschauungen auch entsprechen.

Ist das aus der philosophischen Behandlung des Doctrin- und Quellenmaterials gewonnene Resultat ein richtiges, so muss es in seiner allgemeinen Fassung durch die Darstellung des positiven Rechtes bestätigt zu werden vermögen, und in der Darstellung dieser Uebereinstimmung, welche vorhanden sein muss, wofern das aufgestellte System das richtige sein soll, liegt die Lösung der Frage.

Die Durchführung einer systematischen Eintheilung des besonderen Strafrechtes, welche nach dieser Methode gewonnen, eine besondere umfang- und inhaltreiche Abhandlung nöthig machen würde, kann hier nicht unsere Aufgabe sein, wir müssen an die Skizzirung der folgenden zwei Fragen schreiten:

III.

A) **Wie sich das Gattungsdelict des Amtsmissbrauches darstellen und entwickeln lassen könne?** und

B) **Welche Stellung es in dem gangbaren Systeme des besonderen Strafrechtes einnehme?**

Ad A. Auf die Bildung der sogenannten Gattungsdelicte überhaupt hat bisher zumeist das praktische Bedürfniss Einfluss genommen; es geschah dies, um die Auffassung und Darstellung zu erleichtern und eine äussere Ordnung in das gesammelte Material zu bringen; darum finden wir auch den Cultus der Gattungsdelicte weit eher in den Lehr- und Gesetzbüchern, als in wissenschaftlichen Werken, und darum erklärt es sich auch, dass die strafbaren Handlungen nicht immer nach inneren, sondern zumeist nach äusseren Merkmalen in einzelne Gattungsdelicte zusammengezogen erscheinen.

Bestimmend trat hiebei der allgemeine Sprachgebrauch in erster Linie auf; man sprach von Betrug, Diebstahl, Raub, Veruntreuung, und versuchte vor Allem diese Verbrechensbegriffe mit den allgemeinen Lehren in Einklang zu bringen, um aus denselben besondere Gattungsdelicte zu bilden; und so kam es, dass man oft strafbare Handlungen in Eine Kategorie brachte, deren Zusammengehörigkeit sich nur äusserlich kundgibt; eine Erscheinung, die nirgends klarer hervortritt, als wenn wir auf die Bildung des Gattungsdelictes als Amtsverbrechens rückblicken.

Wie wir eben erwähnt haben, hat die bekannte Quellenstelle l. 2. pr. D. de re militari den Anstoss dazu gegeben, dass romanisirende Criminalrechtslehrer unter der Aegide des jüngeren Meister eine neue Unterscheidung der Delicte in delicta propria und communia geltend machten, und zu dem Schlusse gelangten, es gäbe eine Classe von Verbrechen, die nur von gewissen Personen verübt werden — delicta propria, denen jene Verbrechen gegenüber stünden, die von allen Personen begangen werden können — delicta communia.

So gewiss es nun auch ist, dass die mehrerwähnte Quellenstelle eine Haupteintheilung der Delicte nicht bezweckte, da sie doch nur die Uebelthaten der Militairpersonen im Auge hat, so lässt sich andererseits nicht läugnen, dass spätere Schriftsteller, weit mehr aber noch die Legislation auf dieser „Entdeckung" Meisters ihre ganze Lehre von den Amtsverbrechen aufbauten.

Mit der Geltendmachung dieser Quellenstelle wurde der Saame für jene Auffassung gelegt, die mit so viel Vorliebe von einer besonderen und allgemeinen Pflichtverletzung spricht, und so seltsame Resultate an den Tag förderte, so wie es endlich dieser Entdeckung Meisters zu danken ist, dass das Gattungsdelict des Amtsmissbrauches bald auf mehr, bald auf weniger strafbare Unterarten ausgedehnt wurde. Das, was wir heutzutage mit dem Namen Amtsmissbrauch benennen, ist ein ziemlich loses Conglomerat von strafbaren Handlungen, die ihrem innern Wesen nach wenig oder gar nichts Gemeinsames haben.

Ein gemeinsames inneres Merkmal der verschiedenen Unterarten des Amtsmissbrauches ist nicht vorhanden, und es ist nichts als ein Act legislatorischer, auf dem praktischen Bedürfnisse beruhender Willkür, wenn wir unter der Ueberschrift Missbrauch der Amtsgewalt „Besondere Pflichtverletzungen", „Besondere Verbrechen", etc. eine Reihe von strafbaren Handlungen aufgezählt finden, die nur in rein äusserlichen unwesentlichen Merkmalen eine gewisse Zusammengehörigkeit documentiren.

Das Gattungsdelict des Amtsmissbrauches lässt sich nicht wie jenes des Diebstahles, des Raubes, des Betruges aus einem gemeinsamen Grundbegriffe entwickeln, es steht da als ein Product legislativer Bestimmung, die es für nöthig fand, um einer äussern Ordnung willen, gewisse strafbare Handlungen zu einer gemeinsamen Gruppe zusammenzutragen, um aus dieser Gruppe Ein Gattungsdelict darzustellen.

Wir gelangen zu dieser Ueberzeugung, wenn wir auf die Eigenthümlichkeit der historischen Entwicklung dieses Gattungsdelictes unser Augenmerk richten.

Ueber die grossartige Bedeutung, welche dem crimen repetundarum, de ambitu, de residuis etc. des römischen Rechtes zukömmt, haben wir bereits oben gesprochen, eben sowie, dass diese Verbrechen von den Römern nicht als Amtsverbrechen angesehen wurden.

Wir haben ferner gesehen, wie das canonische Recht auf einem Grundsatze der Lehre der Apostel einen neuen Verbrechensbegriff, jenen der Simonie aufbaute, und weiters, wie die C. C. C. gegen den falschen Procurator, der seiner Partei zum Nachtheil handelt, eifert.

Wenn wir von allen Delictsunterarten auch nur diese allein betrachten, so nehmen wir bereits wahr, dass sie nur von der **Legislation der spätern Zeit** unter gemeinsamer Gattungsbezeichnung vereinigt werden konnten, dass sie bei ihrem in die verschiedensten Perioden strafrechtlicher Entwicklung fallenden Entstehen nichts Gemeinsames aufweisen.

Jede dieser einzelnen Unterarten weist ihr besonderes eigenthümliches Gebilde auf, ein solches Gebilde, dass das Verbrechen gar nicht einmal auf spätere Rechtsentwicklungen übertragbar zu sein schien.

Wie sollte man sich das crimen repentundarum von der Provinzverfassung des Römerstaates, das crimen de ambitu von den Wahlmanövern der Republik, die Simonie von der Ertheilung der Weihen losgelöst und auf neue Verhältnisse angewendet denken.

Die Doctrin hätte auch diese Delicte wegen ihrer so ganz eigenthümlichen Natur, und weil sie mit dem staatlichen Leben ihrer Zeit so enge verbunden waren, nur als Reminiscenzen aufbewahrt, sie hätte sie für absolet erklärt, wie sie es bei vielen anderen überkommenen Delicten gethan hat, wenn nicht die Legislation des 18. und 19. Jahrhunderts sie vor dem Untergange gerettet hätte, **weil sie ihr passend schienen, das Material für eine neue Delictsgruppe abzugeben, die sich aus modernen Anschauungen herausgebildet.**

Diese modernen Anschauungen fanden zunächst in der Lehre des Staatsrechtes ihren Ausgangspunkt.

Man argumentirte: Zur Erfüllung der Staatsidee überträgt der Gemeinwille an den Staat eine Summe von Gewalten, deren Inbegriff die Staatsgewalt bildet. Inhalt und Umfang dieser Staatsgewalt wechselt je nach Höhe der Entwicklung der Staatsidee, wird jedoch positiv durch den „förmlichen Gemeinwillen" das Gesetz in jeder Staatsgemeinschaft genau abgegrenzt.

Der Staat in abstracto kann aber als solche die ihm von dem Gemeinwillen übertragene Staatsgewalt nicht ausüben, sondern muss deren Ausübung an gewisse Organe übertragen.

Einem jeden dieser Organe ist, wie dies aus der Natur der Sache hervorgeht, ein bestimmter und begrenzter Functionskreis zugewiesen, in welchem er die ihm übertragene Staatsgewalt auszuüben berechtigt und verpflichtet ist. Diese nach Zeit und Ort verschiedenen, durch besondere Gesetze (Organisirungsgesetze) bestimmten Functionskreise bilden den Amtsorganismus des Staates, der dem einzelnen Organe zugewiesene Functionskreis das Amt, und die mit dem Amte verbundene Berechtigung und Verpflichtung zur Ausübung der Staatsgewalt ist die Amtsgewalt des Staatsdieners.

Wird auf das Rechtsverhältniss des Beamten zum Staate Bedacht genommen, so ergebe sich vor Allem, dass für Beide als Compaciscenten civilrechtlich Rechte und Pflichten der verschiedensten Art begründet werden.

Der Staat hat Anspruch auf genaue Erfüllung des Dienst- und Vollmachtsvertrages, der Beamte in den meisten Fällen jenen auf Entlohnung und auf Entschädigung.

Eingehung, sowie Lösung des Vertrages wird durch mancherlei dem Staatsdienste allein eigenthümlichen Förmlichkeiten — Beeidigung, Gelöbniss — des privatrechtliche Charakters nicht entkleidet. Beide, Staat und Beamte, können als Rechtssubjecte ihre Ansprüche vor den Civilrichter bringen, ihre Rechte geltend machen, und nöthigenfalls zwangsweise zur Durchführung bringen. Andererseits ergibt sich aber aus der sittlichen Natur der Staatsgewalt, aus ihrer Bedeutung für die Rechtsordnung, dass man bei Beurtheilung der Stellung des Beamten im Amte mit dem blos civilrechtlichen Anspruche des Staates auf die vertragsmässige Pflichterfüllung seitens des Beamten nicht ausreiche.

Die vertragswidrige Handhabung der Amtsgewalt muss

wegen der Bedeutung, wegen der Wichtigkeit der durch die Amtsgewalt repräsentirten Staatsidee in gewissen Fällen als positive Auflehnung gegen den allgemeinen Willen, als strafbares Unrecht angesehen werden, wofür der Thäter von der Strafgewalt zur Verantwortung gezogen zu werden hat.

Die Bedeutung und die Wichtigkeit der Staatsidee erheischt solche positive strafrechtliche Bestimmungen aus einer doppelten Rücksicht: Einmal, weil die rechtswidrige Handhabung einer in ihrer Ausübung durch den Anschein der Gesetzlichkeit absoluten Gewalt das Gemeininteresse schwer schädigt, oder doch gefährdet, andererseits, weil ein jeder Amtsmissbrauch die Staatsidee selbst in ihrem Bestande bedroht.

Es wurden daher die mannigfachsten Verfügungen zum Schutze der Aemterverfassung des Staates getroffen, man schuf den Begriff von Amtsehre und umgab denselben mit einer Reihe von Bestimmungen, um die Integrität des Amtes zu erhalten, aber alle diese in's kleinste Detail gehenden Verordnungen vermochten dem durch das Staatsgesetz zu verleihenden Schutze des Amtes keine feste Basis zu geben, darum ging die Gesetzgebung auf das römische und canonische Recht zurück, und entlehnte demselben das alte bisher unbenutzt gebliebene Material der Repetunden-Gesetze, der Gesetze über den ambitus, das residuum, der Bestimmungen über die Simonie, um dem ängstlichen Gefüge, den dürftigen Bestimmungen, die den Schutz des Amtes zum Gegenstande haben sollte, eine solide Basis zu geben.

Man raffte das zusammen, was man vorfand, und schuf so mit Hilfe theilweise obsolet gewordener gesetzlicher Bestimmungen das Gattungsdelict des Amtsmissbrauches.

Es hat daher dieses Gattungsdelict einen ganz besonderen Charakter.

Verbrechen gegen die Existenz der staatlichen Persönlichkeit, Verbrechen gegen das Leben und die Güter der

Mitbürger, können wir allenfalls a priori construiren, sobald wir den Staatsbegriff voraussetzen, das Verbrechen des Amtsmissbrauches in jenem Umfange, in welchem es die Legislationen anerkennen, kann nur auf historischer Basis sich entwickelnd dargestellt werden.

Das crimen repetundarum der römischen Provinzstatthalter, der ambitus bei der Besetzung der Aemter, die Simonie des canonischen Rechtes, endlich die scrupulösen Verfügungen über die Wahrung der Standes- und Amtsehre, des Amtsgeheimnisses etc. der Neuzeit angehörig, all' dies sind lose Punkte, innerhalb deren die Codification strafgesetzlicher Normen die Peripherie eines Gattungsdelictes gebildet hat, das in Wirklichkeit nur geschichtlich, nicht aber dem innern Wesen nach sich als Delictsgenus darstellt.

Nur so kann es gerechtfertigt, oder besser gesagt, erklärt werden, wenn active Bestechung neben dem Missbrauche κατ' ἐξοχήν, und letzterer wieder neben fraudoloser Parteivertretung als Unterarten Eines Genus figuriren, nur von diesem Gesichtspunkte wird es erklärlich, wenn einzelne Legislationen den Amtsmissbrauch per Bausch und Bogen zu zu den sogenannten öffentlichen Verbrechen zählen, andere wieder gewisse Unterarten zu den Privatverbrechen wider Treu und Glauben rechnen, und wieder andere die besonderen Pflichtverletzungen als eine dritte Kategorie strafbarer Handlungen anerkennen, und von allen anderen Delictsgattungen geschieden wissen wollen.

Die Zerfahrenheit der Darstellung des Amtsverbrechens, welcher die Doctrin nicht minder huldigt, als die Legislation, ist ein klarer Beleg für die Richtigkeit unserer Anschauung, dass dasjenige, was gemeinhin als Amtsverbrechen bezeichnet wird, ein Conglomerat von Delicten ist, die ihrem Wesen nach den verschiedenen Perioden staatlicher Entwicklung angehörend bei Codification des positiven Strafrechtes wegen ihres rein äussern geschichtlichen Zusammenhanges als delicta Einer Gattung zusammengefasst wurden.

Wenn wir diesen Standpunkt acceptiren, so werden wir uns bei der Erläuterung des Amtsverbrechens mit Leichtigkeit zurechtfinden; eine jede andere Auffassung würde schwer lösbare Widersprüche erzeugen.

Wenn wir daher unter den als Amtsmissbrauch bezeichneten angeführten Handlungen einzelnen, ja der Mehrzahl begegnen, von denen nichts weniger behauptet werden kann, als dass sie einen Missbrauch der anvertrauten Gewalt involviren, so müssen wir uns vor Augen halten, dass diese Delicte nur wegen ihrer äussern Zusammengehörigkeit, nur im Grunde historischer zum Theile antiquirter Rechtsanschauungen mit andern Delicten als Unterarten einer Hauptart an einander gereiht wurden, und dass man diese Hauptart schlechthin, wir möchten sagen, um des Sprachgebrauches willen, mit dem Namen Amtsmissbrauch bezeichnet und als besonderes Gattungsdelict hingestellt hat.

Wir werden sehen, dass jeder der „besonderen Fälle" des Amtsmissbrauches, jede der einzelnen Unterarten nicht nur seine abgesonderte geschichtliche Entwicklung, sondern auch seinen besondern Charakter hat, daher wir von einem allgemeinen Gattungscharakter des Verbrechens des Amtsmissbrauches nur in einem sehr uneigentlichen Sinne werden sprechen können.

Mit der Beantwortung der Frage nach dem Wesen des Gattungsdelictes ergibt sich auch die Antwort auf die Frage nach der Stellung des Amtsmissbrauches in den gangbaren Systemen des besonderen Strafrechtes.

Ad. B. Die Legislation hat auch hier das entscheidende Wort gesprochen und das von ihr geschaffene „Gattungsdelict" den öffentlichen gegen den Bestand des Staates gerichteten Verbrechen beigezählt; es lässt sich gegen diese Kategorisirung vom gegebenen Standpunkte, dass der Amtsmissbrauch als Gattungsdelict überhaupt sich rechtfertigen lasse, auch nichts Erhebliches einwenden; dass einzelne Arten des Amtsmissbrauches und gerade die Hauptarten, wie die concussio publica, das Peculat, die fraudolose Parteivertretung zu andern Kategorien strafbarer Handlungen beigezählt werden sollten, ist wohl einleuchtend, aber sobald man einmal ein Gattungsdelict des Amtsmissbrauches anerkennen wollte, und darüber hinwegging, dass Verbrechen als Unterarten Eines Delictes dargestellt wurden, die kaum äusserlich gemeinsame Merkmale aufwiesen, so blieb den „Systematikern" keine Wahl mehr übrig, sie mussten die Anschauung, von welcher ausgehend sie den Gattungsbegriff des Amtsmissbrauches neu geschaffen hatten, in ihren weiteren Consequenzen acceptiren, und diese Consequenz führte dazu, den Amtsmissbrauch als ein gegen den Staat gerichtetes Gattungsdelict anzusehen, mochte diese Kategorisirung auch mit einzelnen Hauptunterarten des Amtsmissbrauches in entschiedenem Widerspruche stehen.

Immerhin erachten wir diese Kategorisirung für begründeter als jene, die ohne Rücksicht darauf, wie sich das Gattungsdelict des Amtsmissbrauches herangebildet hat, mit dem geschaffenen Gattungsdelicte und seiner Stellung zu den anderen strafbaren Handlungen in anderer Weise experimentiren zu können vermeinten.

Die meisten gingen so weit, dass sie den Amtsmissbrauch der Gesammtheit der anderen Delicte gegenüberstellten und Feuerbach folgend von besonderen Verbrechen im Gegensatze zu allgemeinen Verbrechen sprachen.

Jene könnten nur von einer bestimmten Kategorie von Personen, diese von allen Personen verübt werden; abgesehen von der aufliegenden Oberflächlichkeit dieser Unterscheidung, die die Wesenheit der strafbaren Handlung unberührt lässt, wird sie schon durch einzelne Unterarten des Gattungsdelictes von selbst widerlegt.

Die **active** Bestechung, eine der Hauptunterarten des sogenannten Amtsmissbrauches, kann gewiss von Jedermann begangen werden; ebenso kann bezüglich aller anderer Arten das strafbare Verhältniss der Mitschuld, Theilnahme, der intellectuellen Urheberschaft bezüglich Jedermanns eintreten. Wenn der **Thatbestand** mehrerer Arten des Amtsmissbrauches die unmittelbare Thäterschaft bestimmter mit der Amtsgewalt ausgestatteter Personen zur Voraussetzung hat, so begründet dies noch immer nicht die ziemlich banale Unterscheidung zwischen strafbaren Handlungen, die von **Jedermann**, und solchen strafbaren Handlungen, die nur von **bestimmten Personen** verübt werden können, — und wäre diese Unterscheidung auch richtiger und wissenschaftlicher, nimmer könnte sie die Basis einer **wissenschaftlichen** Eintheilung aller Verbrechen in der Weise begründen, dass die Amtsverbrechen als Ein Genus allen übrigen Verbrechen gegenüberstehen könnten.

Nicht minder muss jene Anschauung bestritten werden, die den Amtsmissbrauch als **besondere** Pflichtverletzung allen übrigen Delictsgattungen als „**allgemeinen**" Pflichtverletzungen gegenüberstellt.

Es bildet diese Anschauung nur ein bloses Corrolar zu der oberwähnten Unterscheidung zwischen Delicten, die von Jedermann, und Delicten, die nur von gewissen Personen begangen werden können.

Unrichtig ist es vor Allem, in der **Verletzung der Pflicht als solcher** ein strafbares Moment zu finden; die Verletzung der Pflicht als solcher seitens des Einzelnen gehört der Moral an, sie versteigt sich im höchsten Falle zu einem disciplinaren Vergehen, sie erhebt sich aber nirgends zu einer criminel strafbaren Verletzung.

Es ist weiter unrichtig, von einem allgemeinen Pflichtenkreise des Unterthans und von einem besonderen Pflichtenkreise des Staatsbeamten zu sprechen, so wenig durch die „Verletzung" des allgemeinen Pflichtenkreises ein „gemeines"

Verbrechen begründet wird, ebensowenig involvirt die Verletzung des „besonderen Pflichtenkreises" ein besonderes Verbrechen.

Was auch davon des Breiten gesprochen wird, dass die Staatsorgane durch ihre Stellung zu einer strengeren Beobachtung ihrer Pflichten verbunden sind als andere „Unterthanen", so reicht doch diese „strengere" Verpflichtung nicht dazu aus, um eine gewisse Art der Verletzung der Amtspflicht als ein criminel strafbares Delict zu erklären; eine andere Art der Verletzung aber nicht.

Zu ähnlichen Consequenzen gelangt man, wenn man das dem „besonderen" Pflichtverhältnisse zu Grunde liegende Vertragsverhältniss für das Object der Verletzung ansieht und hierin das criminel strafbare Moment erblicken zu können glaubt.

Einmal reicht das Vertragsverhältniss für sich allein betrachtet nicht aus, um die „allgemeinen" Pflichtenverletzungen des „Unterthans" als criminel strafbar zu erklären, man wollte denn auf die überwundene Theorie des „contract social" zurückgehen; andererseits kann doch der durch den Amtsmissbrauch verübte Vertragsbruch erst in zweiter Linie zur Berücksichtigung gelangen.

Das Unrecht, welches aus dem allerdings mitunterlaufenden Vertragsbruche entsteht, ist nur civilrechtlicher Natur.

Eine andere uns noch ferner liegende Anschauung ist endlich jene, welche ausführt, dass der gemeinsame Charakter der Amtsdelicte in der Verletzung von Treu und Glauben liege, mit welcher der Staat seine Gewalt in die Hand Einzelner legt.

Dadurch, dass der Beamte die Amtsgewalt in einer ungesetzlichen Weise handhabe, verletze er Treu und Glauben in zweifacher Beziehung, da Staat und Unterthan von der Amtsausübung die Erfüllung sittlicher Zwecke und Aufgaben erwarten.

Die Anhänger dieser Theorie von der Verletzung von

Treu und Glauben sind es auch, die bei der Verletzung der staatlichen Amtspflicht nicht stehen blieben, sondern den Begriff einer besonderen Pflichtenverletzung auf Dienstverhältnisse anderer Art ausdehnten.

So gilt ihnen der Verrath eines Fabriksgeheimnisses durch den Fabriksbediensteten die vorsätzliche Benachtheiligung der Dienstherrschaft durch Haus- und Wirthschaftsbeamte und andere Privatdiener für ein criminel strafbares Delict.

Auch hier hat man die zufällige Eigenschaft für das unterscheidende gemeinsame wesentliche Merkmal angesehen, weil mit dem Amtsdelicte im Allgemeinen eine trügerische Handlungsweise mit unterläuft, so hat man anlehnend an das eben so alte als falsche Princip vom Rechte auf Wahrheit die Amtsdelicte brevi manu zu Unterarten der Trugsdelicte gemacht.

Ebenso muss die Frage, ob das Amtsverbrechen nicht zu den Privatdelicten, gerichtet gegen das Güterleben der Einzelnindividuen, gezählt werden könne, verneint werden.

Es scheint allerdings, dass der Amtsmissbrauch in seiner ersten Gestalt als ein die Privatinteressen verletzendes Delict auftrat; Bedrückungen der Provincialen durch den römischen Provinzbeamten gaben den Anstoss zur Bildung des repetundarum, und über die Klagen der um ihre Güter beraubten Provincialen schritt man zur Verfolgung des sein Amt missbrauchenden Magistrats; so scheint äusserlich das verletzte Privatinteresse das Delictsobject gewesen zu sein, und man wäre versucht, selbst im heutigen Rechte zum mindesten die concussio publica als ein die Privatinteressen schädigendes Delict anzusehen.

Wenn wir aber der Sache tiefer auf den Grund sehen, so leuchtet ein, dass schon in seiner ursprünglichen Gestalt des crimen repetundarum das öffentliche Interesse an der Verwaltung des Staatsamtes verletzt wurde.

Wie uns die Geschichte des Römervolkes lehrt, wurden

die Klagen der Provincialen über Bedrückungen und Erpressungen erst dann erhört, als Gefahr vorhanden war, dass die Abweisung zur offenen Revolte, zum Abfalle reicher Provinzen führen könne oder müsse; erst bei diesem Stadium der zugefügten Unbillen regte sich das bekannte „Rechtsgefühl" der Römer gegen „Mitbürger und Bundesgenossen"; und darum war es auch hier das verletzte öffentliche Interesse, welches das Entstehen und die Weiterbildung des Verbrechens hervorrief, begünstigte und zur Vollendung brachte.

Selbstverständlich tritt dieses Moment auch bei dem crimen de residuis, dem ambitus der Praevarication wirksam hervor, und so können wir auch bei den Amtsdelicten der späteren Zeit dasselbe gemeinsame strafbare Moment ohne viele Mühe nachweisen.

Zuvörderst bei der Simonie des Kirchenrechtes; das Interesse der Kirche an der Erlangung und Verwaltung des Kirchenamtes erscheint durch die Hingabe weltlicher Güte für Geistliche in erster Linie verletzt und darum eifert sie gegen Verleihungen und Bewerbungen, die nicht von der reinsten Hingebung an die kirchliche Wohlfahrt bestimmt werden.

Das Amtsdelict der CCC. von dem peinlichen Gefangenwärter kann nicht minder auf das verletzte Interesse des Staates rückgeführt werden, mag auch eine verfehlte Anschauung eine Art Mitschuld zwischen dem Befreier und dem Befreiten fingiren.

Diese Ansicht ist der neueren Anschauung vom Rechte zu strafen nicht so fremd; verlangt das Interesse der staatlichen Gesellschaft, dass der Uebelthäter für das verübte Delict Strafe erleide, so involvirt seine Befreiung durch den Gefangenwärter eben eine Verletzung des speciellen Interesses an der Bestrafung des Delinquenten in einem solchen Grade, dass von dieser Anschauung zu der Fiction der Mitschuld an dem durch den Uebelthäter verübten Delicte der Sprung ein allerdings gewagter, aber doch nicht allzu unnatürlicher ist.

Auch der Procurator des damaligen Rechtslebens verwaltete ein öffentliches Amt, übte Functionen einer besonderen ihm verliehenen Staatsgewalt aus, daher sein Verrath unter die Sanction eines Amtsverbrechens der damaligen Zeit ganz gut gestellt werden kann.

Vollends die Amtsverbrechen der letzten Periode der deutschen Strafgesetzgebung können nur durch den gemeinsamen Charakter des verletzten öffentlichen Interesses an einer richtigen Amtsverwaltung als zu Einem delictum sui generis gehörig erklärt und erörtert werden.

Wir sehen das öffentliche Interesse verletzt bei der Bestechung der Beamten durch Private, und nur vom Standpunkte Staatsinteresses an der Integrität der Staatsämter kann die Bestechung als ein criminel strafbares Delict angesehen werden.

An sich würde es nicht einmal als unehrenhaft gelten können, wenn der Private seinen Vortheil suchend Dienste, die ihm unentgeldlich geleistet werden sollen, um Geld erkauft, aber sobald das Interesse der öffentlichen Wohlfahrt im Spiele steht, und die Verletzung dieses Interesses Jedermann als strafbar zugerechnet werden muss, dann wird die Bestechung zum strafbaren Delicte und es sind nur mehr Gründe der Strafpolitik, die den Begriff der activen Amtscorruption auf die Verleitung zum Missbrauche der Amtsgewalt durch Geschenke einschränkt.

Lässt man die Anschauung vom verletzten öffentlichen Interesse an der richtigen Verwaltung der Aemter gelten, dann kann die Bestechung und die obsolet gewordene Amtserschleichung zu dem delictum sui generis des Amtsmissbrauches gerechnet werden, während die Theorie von der besonderen Pflichtenverletzung diese Delicte, wie wir dies bereits im Verlaufe dieser Verhandlung mehrmals gezeigt haben, diese Delicte von der Hauptgruppe ausschliessen muss.

Zweifelhaft könnte es allerdings werden, ob der Missbrauch der Amtsgewalt $\varkappa\alpha\tau'\ \dot{\varepsilon}\xi o\chi\dot{\eta}\nu$ die concussio publica gegen den Privaten nicht in erster Linie die Verletzung eines Privatinteresses involvire und nicht zunächst darum sich zur criminel-rechtlichen Behandlung qualificire? — Es ist richtig, dass hier eine ideale Concurrenz von Verletzungen platzgreife, aber die Verletzung des Privatinteresses ist keine so bedeutende, dass darum das Merkmal des gemeinsamen Gattungsdelictes des verletzten öffentlichen Interesses ihm seinen Platz räumen müsste, das verletzte Privatinteresse muss mit dem Einflusse auf die Strafwürdigkeit sich begnügen und die verschiedenen Strafsätze, die je nach Grösse des zugefügten Schadens auf das Verbrechen verhängt werden, berücksichtigen zur Genüge das Moment der unterlaufenden Verletzung an Vermögen, Freiheit und Ehre des Einzelnen. —

Dagegen hat sich das Verbrechen der Veruntreuung im Amte von der Gruppe der Amtsverbrechen losgelöst, weil bei demselben eben das verletzte Interesse an der Verwaltung des öffentlichen Amtes vor der Grösse der Verletzung des Interesses des einzelnen Staates an der ihm als Einzelwirthschafter zugefügten Schädigung an materiellen Gütern zurücktritt.

In seiner ursprünglichen Gestalt war das crimen de residuis ein Amtsverbrechen, als aber die Scheidung zwischen Privat- und Staatsvermögen immer schärfer hervortrat und der Staat als Einzelwirthschafter sich den einzelnen Staatsbürgern rücksichtlich des Besitzes materieller Güter coordinirte, da löste sich das crimen de residuis von der Gruppe der Amtsverbrechen ab, und erhob sich nicht nur zum selbstständigen Verbrechen, sondern förderte sogar die Scheidung zwischen Diebstahl als Hauptdelict und der Unterart der Veruntreuung.

In gleicher Weise sieht die neuere Legislation bei der Befreiung des Gefangenen durch den Gefängnisswärter das Moment der Vorschubsleistung als praevalirend an und scheidet dieses Delict aus der Delictsgruppe des Amtsmissbrauches, ohne darum das gemeinsame Moment der Verletzung des Staatsinteresses läugnen zu wollen oder zu können.

Gleiches oder doch Aehnliches gilt von der Verläumdung im Amte.

Von dem Stande der jeweiligen positiven Gesetzgebung hängt es dagegen ab, ob in der Praevarication des Rechtsfreundes in der Untreue des amtlich bestellten oder bestätigten Vormünders und Curators das gemeinsame Merkmal des verletzten Staatsinteresses an der Integrität der Aemter erblickt und gefunden werden könne.

Da wo die Thätigkeit der Staatsverwaltung sich darauf beschränkt, dem privaten Rechtsverhältniss des Rechtsfreundes zu seinen Mandataren, des Vormünders zu seinen Curanden etc. eine höhere Bedeutung zu geben, das Verhältniss in seiner privatrechtlichen Natur aber nicht alterirt, hier kann von einer Verletzung des Staatsinteresses und sohin von einem Amtsverbrechen keine Rede sein, da aber, wo der Staat den Rechtsfreund, den Vormund, Curator, Sequester als seinen eigenen Mandatar aufstellt und in seinem Namen walten lässt, tritt das Merkmal der Schädigung des Staatsinteresses allerdings so zu Tage, dass diese Delicte sodann nicht mit Unrecht in der Gruppe der Amtsverbrechen aufgezählt werden.

Hätten wir voranstehend allerdings mehr negativ fortschreitend dem Amtsverbrechen als Gattungsdelicte die Stelle innerhalb der öffentlichen oder Staatsverbrechen angewiesen, so erwächst uns nunmehr die Aufgabe, sich mit dem Wesen desselben und seiner Unterarten eingehend zu beschäftigen und innerhalb desselben die systematische Ordnung und Sichtung des so reichhaltigen Materials zu versuchen — eine Aufgabe, der wir in einer späteren Abhandlung gerecht zu werden versuchen wollen.

Anhang.

Das geltende österreich. Strafgesetz über Verbrechen, Vergehen und Uebertretungen vom 27. Mai 1852 scheidet zwischen Verbrechen und Uebertretung des Amtsmissbrauches.

Die Verbrechen des Amtsmissbrauches werden als Arten Einer Gattung im 9. Hauptstücke des I. Theiles, die Uebertretung des Amtsmissbrauches als Unterart der strafbaren Handlungen gegen die öffentliche Sicherheit im 6. Hauptstücke des II. Theiles behandelt.

Es tritt nun zunächst die Frage an uns heran, aus dieser technischen Einreihung der Arten des Amtsdelictes die Deduction zu versuchen, welche Stellung der Gesetzgeber dem Amtsdelicte in dem Systeme angewiesen wissen wollte.

Hier müssen wir uns vor Allem die Thatsache vor Augen halten, dass das Strafgesetz vom 27. Mai 1852 eine systematische Eintheilung der criminel strafbaren Handlungen ausdrücklich anerkennt.

Wenn §. 56 des St.-G.-B. in der Randglosse, §. 274 St.-G.-B. in der Ueberschrift von einer Eintheilung der Verbrechen resp. der Vergehen und Uebertretungen spricht, wenn in diesen beiden Gesetzesstellen ein fester Eintheilungsgrund aufgestellt wird, so muss von diesen gegebenen Verhältnissen die Frage nach einer system. Eintheilung der strafbaren Handlungen auf dem Gebiete des österr. Strafgesetzes unbedingt bejaht werden, und es kann für die Kritik nur noch die Frage offen sein, welcher Gattung von Verbrechen das Verbrechen des Amtsmissbrauches, welcher Gattung von Uebertretungen die Uebertretung des Amtsmissbrauches angehöre.

Die technische Ordnung, in welcher die erwähnten Bestimmungen dem Texte des Strafgesetzes eingereiht sind, bieten zur diesfälligen Beurtheilung keinen genügenden Anhaltspunkt, und müssen wir bei Beantwortung dieser Frage zwischen den Verbrechen und den Vergehen und Uebertretungen unterscheiden.

Bezüglich der Verbrechen hat zwar §. 56 einen festen Eintheilungsgrund aufgestellt, die Eintheilung selbst wurde aber nicht durchgeführt, daher es der logischen Interpretation anheimgestellt wird, die Eintheilung der Verbrechen nach dem gegebenen Schema selbst vorzunehmen.

Anders ist es mit den Vergehen und Uebertretungen; hier normiren die §§. 275—277 die Eintheilung in ähnlicher Weise wie §. 56, führen sie aber zugleich mit solcher Präcision durch, dass nach derselben die Uebertretung des Amtsmissbrauches als eine Uebertretung gegen die öffentliche Sicherheit durch Verletzung öffentlicher Vorkehrungen sich darstellt.

Um zu beurtheilen, welcher Gattung von Verbrechen das Verbrechen des Amtsmissbrauches angehöre, müssen wir die doctrinelle Interpretation zu Hilfe nehmen; dieselbe führt uns dahin, das Verbrechen des Amtsmissbrauches als ein **Verbrechen gegen die gemeinschaftliche Sicherheit durch Verletzung der öffentlichen Vorkehrungen** anzusehen, welche Anschauung durch den Umstand, dass §. 311 ausdrücklich in Zusammenhang mit dem §. 105 gebracht wird, wesentlich unterstützt wird.

Hiernach ergibt sich mit Leichtigkeit die Beantwortung der Frage nach der Stellung des Amtsdelictes im Systeme des österreichischen Strafgesetzes dahin:

Das Delict des Amtsmissbrauches gehört vom Standpunkte posit. öster. Strafgesetzgebung zu den gegen die gemeinsame Sicherheit durch Verletzung öffentlicher Vorkehrungen gerichteten criminel-strafbaren Handlungen.

Die vorstehend entwickelte Anschauung wird durch das übereinstimmende Votum der vorzüglichsten Commentatoren des österr. Strafgesetzes unterstützt. Hye (des österr. Strafgesetzes allgem. Theil §. 57) sowohl als Herbst (Handbuch des allgem. österr. Strafgesetzes) und Frühwald constatiren, dass das geltende österr. Strafgesetz in seiner Zusammensetzung eine Art wissenschaftlichen Systemes nicht blos beobachtet, sondern sogar als Norm hingestellt hat, und dass nach der Stellung des 9. Hauptstückes mit Bezug auf die Absätze des §. 57 des St.-G-B. das Amtsverbrechen unter die sogenannten öffentlichen Verbrechen — crimina publica — gerechnet werden müsse, die die gemeinsame Sicherheit in den öffentlichen Vorkehrungen verletzen.

Was Herbst und Hye an derselben Stelle, an welcher sie die Aufstellung des Schema seitens des Gesetzgebers als Thatsache anerkennen, über die Zweckmässigkeit oder richtiger gesagt über die Unzweckmässigkeit eines solchen Schematisirens gleichfalls übereinstimmend bemerken, scheint uns nicht ganz richtig zu sein.

Daraus, weil die Aufstellung einer veralteten Eintheilung der strafbaren Handlungen in sogenannte öffentliche und Privatverbrechen, ferner die unzweckmässige Einreihung eines Verbrechens unter diese oder jene Classe zu manchen Verwirrungen bei der Auslegung führte; daraus allein liesse sich noch immer nicht mit Gewissheit deduciren, dass, wie Hye will, das Schematisiren einzelner Verbrechen in einem positiven Gesetze besser ganz wegbleiben dürfte, und dass die Gesetzgebung nur bemüht sein soll, die einzelnen Verbrechen in einer logisch richtigen Ordnung nach einander aufzuführen und in demselben Hauptstücke unter derselben Ueberschrift nur Homogenes zusammenzustellen habe. (Hye ibid.) Was Hye hier als wünschenswerth bezeichnet und worüber er sich in polemische Erörterungen einlässt, dies hat im Ganzen und Grossen unser Strafgesetz befolgt und hat damit trotzdem fehlgegriffen. —

Der Mangel, der bei dem Eintheilen der strafbaren Handlungen, mag nun diese Eintheilung im Gesetze bestimmt ausgedrückt sein oder, wie Hye vorschlägt, „befolgt", aber nicht ausdrücklich genannt sein, stets zu Tage treten wird, liegt darin, dass die historische Entwicklung des Strafrechtes und der Strafgesetzgebung aus inneren Gründen die Aufstellung eines wissenschaftlichen Systems bei der Eintheilung der strafbaren Handlungen wesentlich erschwert; und wir haben Gelegenheit gehabt, gerade an dem Delicte des Amtsverbrechens zu zeigen, dass es nahezu unmöglich ist, demselben in einer wissenschaftlich system. Eintheilung strafbarer Handlungen eine feste Stelle anzuweisen. —

Das Strafgesetzbuch für die preuss. Staaten gibt keine Legaleintheilung wie das österr. Strafgesetz, es führt die einzelnen Delicte in Titeln auf, die gewöhnliche Aufeinanderfolge von Staatsverbrechen, Religionsverbrechen, Verletzungen der Ehre, des Lebens, des Körpers, der Güter beobachtend.

Den Schluss bildet der 28. Titel, der die Verbrechen und Vergehen im Amte behandelt.

Wir finden somit das Princip durchgeführt, nach welchem die Amtsverbrechen allen übrigen Delicten gegenübergestellt werden, weil sie nur „im Amte" ausgeübt zu werden vermögen, somit eine besondere persönliche Eigenschaft des Thäters erforderlich machen. Dass die active Bestechung §. 311 von der persönlichen Eigenschaft des unmittelbaren Thäters unabhängig ist, stört hier wie überall die Durchführung der überkommenen Anschauung.

Die Unterarten des Delictes werden nicht namentlich aufgeführt, jedoch werden in abgesonderten §§. besprochen die passive und active Bestechung, die Beugung des Rechtes durch den Richter im Straf- und Civilverfahren, die Concussion, die Misshandlung im Amte etc. —

Die Veruntreuung im Amte wird zu den Amtsverbrechen gezählt, dagegen wieder der Begriff des Amtsverbrechens auf die öffentlichen Beamten beschränkt und nicht auf Privatbedienstete ausgedehnt.

Eine ähnliche Kategorisirung rücksichtlich der Amtsverbrechen befolgt das Strafgesetzbuch für die Thüringischen Staaten; „die Pflichtenverletzungen in besonderen Verhältnissen" werden im letzten — 17. — Capitel des besonderen Theiles allen vorangehenden Delicten gegenübergestellt.

Hier werden jedoch die Unterarten des Delictes ausdrücklich benannt und von einander geschieden.

In allgemeinstem Umfange wird im Art. 307 jede Verletzung oder Vernachlässigung der Amtspflichten für criminel strafbar erklärt und mit Verweis als Strafmittel oder mit einer Geldstrafe bis zu 50 Thalern bedroht.

Die pflichtwidrige Annahme von Geschenken wird abgesondert von der „passiven" Bestechung besprochen, und der Unterschied zwischen beiden Delictsarten darin erblickt, dass die passive Bestechung dort angenommen wird, wo der Staatsdiener Etwas annahm oder sich versprechen liess, um seinen öffentlichen Pflichten entgegen Etwas zu thun oder zu unterlassen; den ausführlichen Vorschriften über den Missbrauch des Amtes κατ' ἐξοχήν Art. 316 und 317 folgen die Bestimmungen des Art. 318 über Missbrauch des öffentlichen Vertrauens seitens der Geistlichen und anderen Kirchendiener, Schuldiener, Advocaten, Notare, Vormünder, Aerzte, Hebammen, Mäkler und anderer mit einer öffentlichen Function bekleideter Personen.

Den Schluss bilden Verletzungen von Privatdienstverpflichtungen, Verletzungen pflichtgemässer Verschwiegenheit, endlich die Delicte begangen durch wahrheitswidrige Aussagen vor Gericht.

Wir sehen, wie hier der Amtsmissbrauch in dem neugebildeten Begriffe der „Pflichtenverletzung" in besonderen Verhältnissen ganz aufgegangen ist, wie man den Gattungsbegriff desselben auf ganz heterogene Delicte, falsches Zeugniss vor Gericht etc. ausgedehnt hat, und die historische Basis der Entwicklung nahezu ganz verrückte.

Auch das Strafgesetzbuch für das Königreich

Sachsen spricht im 18. Schlusscapitel von **Pflichtenverletzungen in besonderen Verhältnissen** und stellt diese Delictsgruppe allen anderen strafbaren Handlungen gegenüber.

Jedoch erscheint nicht schon jede Verletzung oder Vernachlässigung der Amtspflicht als strafbar, sondern nur jene, durch welche ein Schaden zugefügt erscheint. Art. 362 spricht jedoch nur von dem gewöhnlichen Amtsmissbrauche, „dafern er nicht in ein schwereres Verbrechen übergeht", nachdem bezüglich der concussio, des peculats etc. an anderer Stelle Bestimmungen erlassen werden; das falsche Zeugniss gilt hier nicht als Pflichtverletzung unter besonderen Verhältnissen, dagegen weist dieses Strafgesetz eine neue Eigenthümlichkeit darin auf, dass das „unbefugte Eindringen in fremde Geheimnisse" gleichfalls als eine Verletzung pflichtgemässer Verschwiegenheit angesehen und mit Gefängniss oder Geldstrafe belegt wird.

Auch hier gilt wie bei den Pflichtverletzungen des Strafgesetzes für die Thüringischen Staaten die weitere besondere Bestimmung, dass die Amtsdelicte nur über Antrag der Dienst- und Aufsichtsbehörde oder eines Benachtheiligten verfolgt werden können. — **Im bayerischen Strafgesetzbuch vom 10. November 1861** figurirt der Amtsmissbrauch als **Verletzung besonderer Berufspflichten** im 24. Hauptstücke, die Unterarten des Delicts werden gesondert und in ihren weiteren Unterabtheilungen aufgezählt.

Verletzung von Privatberufspflichten, unbefugtes Eindringen in fremde Geheimnisse machen sich in diesem Strafgesetze als Unterarten des Amtsmissbrauches nicht mehr geltend, dafür weisen die Strafbestimmungen eine Eigenthümlichkeit auf, die Erinnerungen an starre, alte Anschauungen wachruft.

Der Strafrichter wird für das ungerechte Urtheil, das er schöpft, mit jener Strafe bedroht, die er über den Unschuldigen verhängt, daher mit dem Tode, wenn sein Urtheil auf Tod lautete.

Wie wenig sich derartige Bestimmungen mit der fortgeschrittenen Entwicklung des Strafrechtes vereinigen lassen, bedarf keiner weiteren Erörterung; für uns ist es von Interesse wahrzunehmen, dass gerade die Bestimmungen über den Amtsmissbrauch eine derartige Anschauung gewissermassen conservirt und in unseren Tagen zur erneuerten Geltung gebracht haben.

Am prägnantesten hat die Scheidung zwischen Amts- und gemeinen Verbrechen das Strafgesetzbuch für das Königreich Würtemberg 1839 durchgeführt; dasselbe acceptirt die Dreitheilung der Delicte in:

a) Staatsverbrechen und Staatsvergehen,
b) Privatverbrechen und Privatvergehen,
c) Vergehungen wider die Pflichten des öffentlichen Dienstes.

Selbstverständlich werden daher die Amtsdelicte auf das gründlichste und ausführlichste erörtert.

Der dritte Titel, der ihnen allein gewidmet ist, zerfällt in nicht weniger als 6 Capitel, die in 62 Artikeln alle denkbaren Fälle des Amtsmissbrauches erschöpfen zu wollen scheinen.

Die allgemeinen Bestimmungen, die in einem besonderen (ersten) Capitel vorausgesendet werden, fixiren den Begriff des Beamten und führen die Consequenzen der Anschauung, dass sich dieser Vergehen nur bestimmte Personen schuldig machen können, bis zu dem Grade durch, dass sie sogar die Möglichkeit der Theilnahme von Nichtbeamten an diesem Delicte in Abrede stellen.

Das II. Kapitel spricht von der Verletzung allgemeiner Dienstpflichten der öffentlichen Diener, nicht weniger als 15 Unterarten unterscheidend; sodann werden erst die verschiedenen Verletzungen besonderer Dienstpflichten der Justizbeamten im III. Capitel auf das eingehendste besprochen, während die Verletzung besonderer Dienstpflichten der Verwaltungs-

und Gemeindebeamten im IV. Capitel ihre Besprechung finden.

Im V. und VI. Capitel werden sodann die „Amtsverletzungen" aller Art von jener des Schuldieners bis zu der der Hebamme herab erörtert und so der umfangreichen Darstellung ein passender Abschluss gegeben. — In ähnlicher Weise behandeln die Gesetzgebungen der kleineren deutschen Territorien das Amtsdelict in seinen mannigfachen Unterarten und Abzweigungen.